KB242490

2030 경제자립 프로젝트

주식 투자의 기술

2030 경제자립 프로젝트
주식 투자의 기술

이혜경 지음

2

안정적으로 자산을 불려 나가는 불패 투자 습관

초보 투자자가 살아남기 위해 반드시 알아야 할
주식 시장의 원리, 투자 방식과 원칙, 성향별 맞춤 전략

2030 경제자립 프로젝트 2
주식 투자의 기술

초판 1쇄 인쇄 2026년 4월 23일
초판 1쇄 발행 2026년 5월 5일

지은이 이혜경
펴낸이 김종길
펴낸 곳 글담출판사 **브랜드** 아날로그

기획편집 이경숙 · 김보라 **영업홍보** 김지수
디자인 손소정 **관리** 이현정

출판등록 1998년 12월 30일 제2013-000314호
주소 (04091) 서울시 마포구 한국출판콘텐츠센터 309호
전화 (02) 998-7030 **팩스** (02) 998-7924
블로그 blog.naver.com/geuldam4u **이메일** geuldam4u@geuldam.com

ISBN 979-11-92706-56-6 (04320)
ISBN 979-11-92706-40-5 (세트)

* 책값은 뒤표지에 있습니다.
* 잘못된 책은 바꾸어 드립니다.

만든 사람들
책임편집 김보라 **디자인** 손소정 **교정교열** 오지은

글담출판에서는 참신한 발상, 따뜻한 시선을 가진 원고를 기다리고 있습니다.
원고는 아래의 투고용 이메일을 이용해 보내주세요. 여러분의 소중한 경험과 지식을 나누세요.
이메일 to_geuldam@geuldam.com

결코 잃지 않는 투자는
탄탄한 '기초 체력'에서 시작됩니다

취업 준비생 시절을 거쳐 무사히 직장을 잡고 사회인 대열에 합류한 여러분을 진심으로 환영하고 축하하면서 이 글을 시작한다. 여러분은 이제 사회생활 초년생으로서 어엿한 1인분 사회인이 되었다. 이 책은 그런 여러분에게 주식 투자에 대한 기본 지식을 이야기하기 위해 준비한 지침서다.

사실 초보 투자자를 위한 주식 투자 입문 서적은 찾아보면 상당히 많다. 그런데도 굳이 이런 책을 또 쓰는 것은 해마다 새로운 사회생활 초년생이 계속 나온다는 점이 마음에 걸렸기 때문이다. 매년 아무것도 모르는 어린 초보 투자자들이 시장에 잔뜩 쏟아져 들어온다. 하지만 준비 없는 초보 투자자들은 무시무시한 경력 투자자들의 쉬운 먹잇감이 되고 만다. 이런 사태를 조금이라도 줄일 수 있기를 바라는 마음에서 이 책을 쓰기로 결심했다.

지금 시기의 사회 초년생을 위한 주식 투자 입문책은 예전에 나온 책들과 무엇이 달라야 하는지를 오랫동안 고민해보았다. 주식 계좌 만드는 법? 이런 지엽적인 사안은 과감히 건너뛰기로 했다. 그 대신 큰 틀에서 주식과 시장을 이해하고 주식 투자에 필요한 준비 작업을 이야기할 필요가 있다고 생각했다. 전쟁터에 뛰어들려면 기본적인 체력 훈련이라든가 자신을 지키는 법, 싸우는 법을 아는 게 우선이니까.

나는 26년차 기자로 금융 및 증권 업종을 오랫동안 들여다보았는데, 지금 와서 생각해보니 주식 초보였을 때 미리 알았다면 얼마나 좋았을까 싶은 것들이 꼬리에 꼬리를 물고 떠오른다. 나는 원래 은행 예금과 적금만 알던 사람이었다. 그나마 리스크(위험)를 안는 투자 행위가 저축은행에 돈을 맡기는 정도였다. 저축은행 예금과 적금은 시중 은행보다 이자율이 2%p쯤 높아서였다. 하지만 저축은행에 돈을 넣을 때도 자기자본비율 같은 안전성 지표를 철저히 따져가며 거래할 저축은행을 선별했고, 돈을 맡기는 기간도 1년 단위로만 설정했다. 재무비율에 따라 매년 상대하는 저축은행을 바꿨다는 이야기다. 내 돈은 소중했기 때문이다.

그 시절 나의 목표는 오로지 하루 빨리 전세 보증금을 만드는 것이었다. 원하는 금액의 전세 보증금을 차곡차곡 모아가던 중, 기자 생활 6년차에 처음으로 증권업계에 출입하게 되면서 주식 투자에 입문했다. 그 분야를 알아야 기사를 쓸 수 있었기 때문이다. 수업료라 생각하자는 마음으로 100만 원을 주식 거래 계좌에 입금했다. 이 돈으로 개별 종목도 매매해보고, 펀드도 가입해보면서 주식과 주식시장을 조금씩 배워 나갔다.

하지만 증권 기자라고 해도 초반에는 여느 초보 투자자들과 수준이 다를 게 없었다. '주식투자는 분산투자가 기본'이라는 이야기는 알고 있었기에 생활비를 제외한 여유자금을 배당주 펀드, 지주회사 펀드, 성장주 펀드 등 적립식 펀드 세 종류에 나눠 가입하고는 뿌듯해했다. 하지만 지금 생각하면 이것은 제대로 된 분산투자가 아니었다. 가입한 펀드의 유형이 다양해 보이지만 사실은 여유자금을 전부 주식에 집어넣은 것이었다. 또 그때 인기 높았던 모 운용사의 글로벌 주식형 펀드에 거치식으로 100만 원을 넣었다가 몇 달 만에 원금의 20% 손실을 보고 깜짝 놀라 허둥지둥 환매한 적도 있다. 대다수 초보 투자자가 겪는 시행착오를 나도 다양하게 경험했다.

금융투자업계를 상대한 지 어언 20년쯤 된 지금은? 주식 투자에 상당한 금액을 안정적으로 운용하고 있다. 적지 않은 시간 동안 쌓아 올린 주식시장 사이클에 대한 경험, 내 돈을 벌거나 잃어가면서 배운 교훈, 그리고 꾸준히 해온 주식 공부, 여러 투자 대가에 대한 공부 덕분에 시장을 상대하는 기초 체력을 어느 정도 잘 다진 덕분이다. 이제는 나에게 잘 맞는 투자 마인드를 형성했고 시장 흐름을 파악하는 눈도 생긴 것 같다.

우리는 왜 투자를 해야 할까? 앞서 펴낸 책『2030 경제자립프로젝트 ①: 금융 활용의 기술』에서 나는 우리가 반드시 투자를 병행해야 하는 이유를 설명했다. 연봉 인상률보다 투자자산 성장률이 훨씬 높고, 물가상승률 때문에 저축만 하면 결국 자산을 좀먹기 때문이다. 이번 책은 그 연장선상에서, 어느 정도 종잣돈을 마련해 처음 주식 투자에 나서는 사회 초년생이 참고할 수 있도록 내용을 구성했다.

주식 투자에 대해 잘 몰라도 어찌어찌 투자할 수는 있다. 누가 좋다고 하는 주식을 귀가 솔깃해서 샀다가 홀랑 망해버리더라도 매달 정해진 날에 월급이 들어오니 일단 생활은 유지되니까. 하지만 이래서는 주식 투자를 할 이유가 없다. 본인은 계속 손해를 보면서 엉뚱하게 증권사 거래 수수료만 올려주고 있으니 말이다.

그러니 주식 투자를 하기로 결심했다면 최소한 이 책에서 다루는 정도의 지식은 알아두기를 바란다. 그렇지 않으면 우리가 한 달을 꼬박 바쳐서 벌어들인 소중한 월급이 남 좋은 일에만 쓰일 가능성이 높다. 나는 금융이란 돈을 잘 모르는 사람의 계좌에서 잘 아는 사람의 계좌로 이동시키는 게임이라고 항상 생각한다. 그런 측면에서 우리는 정신을 바짝 차리고 살아야 한다. 자칫 방심하면 내 계좌의 돈을 누군가가 털어갈 수 있으니 말이다.

이 책은 초보 투자자가 꼭 알아야 할 지식을 큰 틀에서 실용적으로 서술하는 일종의 안내서를 지향한다. 필수적인 지식을 알아두고 잘 준비한다면, 대박은 안 날지 몰라도 돈을 크게 잃지 않으면서 꾸준히 자산을 불려나가는 투자자가 될 수 있다. 이 책이 여러분의 주식 투자 생활에 모쪼록 좋은 안내서가 되기를 희망한다.

차례

제3장: 투자 대상 찾는 법

제4장: 나의 투자 성향 알아보기

제5장: 개인 성향별 투자법 찾기

【일러두기】
이 책에 소개한 금융 상품, 금리 등은 2026년 4월 현재 기준이며 변동 가능성이 높습니다.

제1장

투자 지식
레벨 테스트

01

나는 주식 투자에 대해
얼마나 알고 있을까?

투자 지식 레벨 테스트

주식 투자를 본격적으로 공부하기에 앞서 본인의 투자 지식 수준이 어느 정도인지 알아볼 필요가 있다. 현재 갖춘 지식 수준에 따라 앞으로 공부할 내용과 분야가 달라지기 때문이다.

아래의 10개 문항을 읽고 정답을 맞혀보자. 각 문항당 정답은 1개다. 맞힌 정답 개수에 따라 자신의 레벨이 왕초보 투자자(0~1개), 초급 투자자(2~4개), 중급 투자자(5~7개), 고급 투자자(8~10개) 중 어디에 속하는지 알 수 있다.

가벼운 마음으로 풀어보자. 혹시 점수가 좋지 않게 나와도 실망할 필요 없다. 이 책을 끝까지 읽고 난 후 다시 테스트해보면 분명히 정답률이 크게 높아져 있을 테니 말이다. 책에 펜으로 정답을 표시하며 풀어도 되지만, 모바일에서 QR코드로 접속해 테스트해도 좋다. 정답은 제1장 마지막 페이지에서 확인할 수 있다.

투자 지식 레벨 테스트

Q1. 투자 카페에서 1년간 연 100% 수익률을 보장하는 종목을 추천한다. 당신의 반응은?
① 다른 회원이 투자하면 같이 투자한다.
② '남들보다 먼저 사야지!' 잽싸게 투자한다.
③ 자세히 분석하면서 투자한다.
④ '저런 정보를 왜 그냥 알려주지?' 무시한다.

Q2. ROE를 올바르게 설명한 것은?
① 국내 최고 권위의 실전 주식투자 대회로, Return Of Equity의 약자
② 수익률은 'R과 E 사이의 O'라는 투자 격언
③ 자기자본이익률을 뜻하며 Return On Equity의 약자

Q3. 유상증자에 대한 설명으로 맞는 것은?
① 기업이 대가를 받고 주식을 발행하는 것
② 주주가 기업에 돈을 빌려주고 받는 이자
③ 매년 유자향 떡을 나눠 먹으며 투자 성공을 기원하는 증권업계 풍습

Q4. 배당성향에 대한 설명으로 맞는 것은?
① 기업이 배당을 잘 주는 성향인지 보여주는 지표로, 당기순이익 중 배당금의 비율
② 배당수익률이 높을수록 배당성향도 높다.
③ 선박 펀드 투자자가 필수적으로 거치는 투자 가능 여부 테스트

Q5. 투자할 종목을 선택하는 기준 중 적절한 것은?
① 유명한 CEO가 경영하는 기업이면 산다.
② 시가총액이 큰 기업이면 산다.
③ 주가가 낮아도 이익률이 상승세면 산다.

Q6. 증시와 관련된 동물의 상징으로 틀린 것은?

① 약세장을 상징하는 동물은 곰이다.
② 강세장을 상징하는 동물은 황소다.
③ 사이드카는 '주가는 주인과 산책하는 개와 비슷하다'는 이야기의 '개'를 상징한다.

Q7. 서킷브레이커의 의미로 맞는 것은?

① 글로벌 증권업계에서 4년마다 개최하는 꼬마 자동차 경주 대회
② 국내 증권업계에서 VIP 고객을 초대해 매년 개최하는 사격 대회
③ 주가가 일정 수준 이상 급락하면 20분간 매매를 중지하는 조치

Q8. 테이퍼링이란?

① 주주총회에서 주주와 기업이 함께 테이프를 커팅하는 식전 행사
② 시중에 풀었던 자금을 다시 회수하는 정책
③ 테이프를 계속 풀듯이 시중에 돈을 푸는 통화 정책

Q9. 재무정보와 주가를 활용한 투자 판단 중 맞는 것은?

① PBR이 1보다 크다고? 싸니까 산다.
② PER이 3배면 이익보다 3배 싸니까 산다.
③ ROE가 매년 높아지네? 산다.
④ 배당수익률이 매년 낮아지네? 산다.

Q10. 다음 내용 중 맞는 것은?

① 주식 투자 관련 마법 공식을 제시한 사람은 조엘 그린블라트다.
② 비트코인을 만든 사람은 사와카미 아쓰토다.
③ CAN SLIM은 존 템플턴의 투자 전략이다.
④ 인덱스 펀드를 최초로 만든 사람은 뱅가드다.

테스트 결과

• 왕초보 투자자 (정답 개수: 0~1개)

당신은 투자계에 갓 입문한 왕초보 투자자로, 이 책의 핵심 독자층이다. 투자에 관심은 있지만 모르는 것투성이인 상태로, 지인이 옆에서 무슨 주식이 좋다고 하면 솔깃해 따라서 사는 수준이라고 볼수 있다.

하지만 준비 없이 잘 모르는 주식을 일단 사고 보는 것은 매우 위험한 행동이다. 잠시 진정하자. 지금은 투자 기본기를 익힐 시기다. 좋은 종목을 고르는 법, 주식시장이 움직이는 원리 등을 공부하면서 실력을 쌓아가면 언젠가 실력 있는 투자자로 거듭날 것이다.

• 초급 투자자 (정답 개수: 2~4개)

당신은 왕초보는 면했지만 어설픈 초급 투자자다. 사들인 주식에 대한 뉴스 정도는 확인하지만 공시나 기업에 대한 재무 정보는 잘 모른다고 볼 수 있다. 당신도 이 책의 핵심 독자층인 것은 마찬가지. '이런 얘기를 어디선가 들어본 것 같다' 정도의 투자 지식으로는 험난한 투자 세계에서 살아남기 힘들다. 차분하게 기업 분석, 업종별 특징, 시장 원리, 투자 대가들의 조언 등 투자 지식을 열심히 익히면서 필요한 지식의 양을 늘려보자. 언젠가는 자신만의 투자 원칙을 찾을 수 있을 것이다.

- **중급 투자자 (정답 개수: 5~7개)**

당신은 불안한 중급 투자자다. 틈틈이 뉴스와 공시를 살펴보면서 보유한 주식에 대한 투자를 지속할지 말지를 판단하고 있으며, 중요한 재무 지표도 어느 정도 이해한다. 관심 있는 산업과 관심 종목에 대해서도 자세히 알아보며 배경지식도 적잖이 쌓은 상태다. 다양한 투자 대가들의 투자 철학을 공부하면서 투자 마인드 설정의 중요성도 이해하고 있다.

이처럼 투자 지식을 꽤 많이 익혔으나, 문제는 투자 여부를 판단할 때 100% 확신이 서지 않아서 고민하고 있을 가능성이 높다는 점이다. 그렇다면 기업 분석, 업종별 특징, 시장 원리, 투자 대가들의 조언 등의 투자 지식을 더 깊이 파고들어 완전히 자신의 것으로 만드는 과정이 필요하다. 투자 지식을 좀 더 깊이 연마하고 꾸준히 투자 경험을 쌓는다면 충분히 실력 있는 투자자가 될 수 있다.

- **상급 투자자 (정답 개수 8~10개)**

당신은 차분한 상급 투자자다. 탄탄한 투자 지식은 물론 다양한 시장 경험을 겸비하고 있다. 실적과 자산 가치 등을 바탕으로 적정 주가와 향후 실적 예측치도 계산할 수 있는 단계로 가고 있다. 멘토로 설정한 투자 대가의 철학을 바탕으로 자신만의 투자 방법과 철학까지 세울 수 있는 수준으로 보인다. 이제 당신은 시장 상황에 유연하게 대처하면서 이익은 극대화하고 손실은 최소화하는 전략을 이어

가면 된다. 앞으로 상당한 자산을 모아 슈퍼개미가 되는 그날까지
계속 달려보자.

[정답]
Q1: ④ Q2: ③ Q3: ① Q4: ① Q5: ③ Q6: ③ Q7: ③ Q8: ② Q9: ③ Q10: ①

조급함을 버려라

　투자 지식 레벨 테스트 결과가 중급 또는 고급이라면 어느 정도 스스로 주식 투자에 대해 공부하고 있거나 일정 수준 이상의 투자 지식을 보유하고 있다는 뜻이다. 여기에 해당하는 사람들은 실전 투자 경험을 계속 쌓아가도 무방하다. 하지만 왕초보이거나 초급에 속하는 독자라면 무턱대고 주식부터 사면 위험하다. 주식과 주식시장의 기초, 다양한 투자 방식에 대한 기본 지식을 익히는 과정을 먼저 거칠 필요가 있다.

　혹시 왕초보, 초급 투자자인데 빨리 돈을 많이 벌어야겠다는 생각이 들어서 마음이 조급한가? 조급할 필요 없다. 주식시장은 오늘만 여는 게 아니다. 여러분이 투자할 시간은 앞으로 한참 남아 있다. 주식은 특히 경력이 오래됐다고 잘하는 분야가 아니다. 오래 투자했지만 수익률이 엉망인 사람을 많이 봤다. 시장에 빨리 뛰어드는 게 중요한 게 아니란 얘기다.

먼저 기본기를 잘 다진 후 시작해야 남들보다 한 걸음 늦더라도 훨씬 좋은 성적을 올릴 수 있다. 급할수록 돌아가라는 속담을 떠올려보자.

다음에 이어질 제2장에서는 주식의 기본 개념을 이해하고, 주식 시장이 어떤 메커니즘으로 움직이는지 알아본다. 이어서 가장 기본적인 몇 가지 투자 방법을 소개한다. 반복해서 이야기하지만, 이 정도만이라도 꼭 알고 주식시장에 들어가자.

세계에서 가장 유명하고 존경받는 투자자인 워런 버핏은 두 가지 원칙을 강조했다. 첫 번째는 '원금을 절대 잃지 마라'이고, 두 번째는 '첫 번째 원칙을 잊지 마라'이다. 투자를 시작할 때 꼭 새겨야 할 원칙이다.

투자는 원금 손실의 위험을 감수한 행위지만, 그렇다고 해서 돈을 잃어도 괜찮다는 것은 아니다. 누구나 원금을 손해 보면 많이 속상하고, 잃은 돈의 규모가 아주 크면 급기야 폐인이 되거나, 더 심하면 회복 불능 상태가 되어 세상을 등지는 안타까운 상황이 벌어지기도 한다.

투자하다 보면 시장 상황과 개인의 실력에 따라 돈을 벌기도 하고 잃기도 하는데, 이때 중요한 것은 장기적으로 모든 투자 결과를 합산했을 때 돈을 번 금액이 훨씬 크도록 관리해나가는 과정이다. 주식 투자는 일확천금을 노리는 게 아니라 우리가 사는 동안 수십 년 후까지 길게 보면서 평생 꾸준히 해나가야 하는 일이다. 이제부터 설명하는 기본 지식은 거대한 건물을 지을 때 쉽게 무너지지 않도록 꼭 거쳐야 하는 단단한 기초공사라고 생각하면 된다. 이 과정을 건너뛴다면 모래 위에 집을 짓는 셈이 될 테니, 조급한 마음을 내려놓고 잘 따라가 보자.

제2장

투자,
이것만은 알고
시작하자

주식이란?

직장에 들어가자마자 어릴 때 꿈꾸던 자동차부터 덜컥 계약한 용감한 신입사원이 있을지도 모른다. 하지만 투자자가 되겠다고 생각한다면, 소비자의 시각에서 벗어나 자동차에 대해 다시 생각해볼 만하다.

여러분이 자동차 회사를 하나 세운다고 가정해보자. 많은 사람이 좋아할 법한 디자인과 기능을 담아 자동차를 설계하는 작업부터 시작해야 할 것이다. 무엇보다 자동차가 움직이려면 강력한 엔진이 있어야 한다. 또 사고가 나도 피해를 최소화할 단단한 차체와 철판, 시야를 잘 확보하면서도 튼튼한 유리, 접지력 좋은 타이어, 곳곳에서 잘 움직여줄 수많은 부품뿐만 아니라 자동차를 매끄럽게 제어할 소프트웨어도 필요하다. 이렇게 자동차를 구성할 기본 뼈대와 엔진 등을 마련하면 자동차를 튼튼하게 조립하는 과정과 꼼꼼한 기능 검사를 거친 후 멋진 색상으로 도색해 자동차를 최종 완성한다.

이처럼 자동차를 만들려면 드넓은 제조 시설과 차체를 찍어낼 기계, 수많은 인력이 필요하다. 자동차를 만들기만 하면 끝일까? 영업, 마케팅 등 잘 팔 수 있도록 지원하는 활동도 필요하다. 전국 또는 전 세계에 판매망도 있어야 한다. 얼핏 생각해도 상당히 큰돈이 필요해 보인다.

이렇게 큰 사업을 감당할 만한 개인이 존재하기도 힘들지만, 만일 존재한다 해도 전 재산을 털어서 창업자가 혼자 모든 일을 책임져야 한다면 선뜻 창업할 마음을 먹기 힘들 것이다. 하지만 100명이 모여서 돈을 나누어 낸다면 어떨까? 부담이 확 줄어들어 창업에 도전할 마음먹기가 한층 쉬워질 것이다.

이것이 주식의 기본 원리다. 즉, 주식이란 여럿이 돈을 모아 운영하는 사업체에서 누가 자금을 얼마나 투입했느냐를 나타내는 증서다.

예를 들어보자. 자동차 회사를 창업하기로 하고 친구 10명이 돈을 대기로 했다. 1인당 1억 원씩 투자해서 총 10억 원을 만들었다. 친구 10명이 이 회사의 주주가 된 것이다. 이제 회사가 주식을 100주 발행한다. 10명이 똑같이 돈을 댔기 때문에 주식도 10등분해서 10주씩 나누어 가졌다. 1억 원을 투자했다는 증서로 10주를 받았으므로 이 주식 1주는 1,000만 원의 가치가 있다.

시간이 흘러서 5년이 지난 시점. 자동차가 생각보다 잘 팔려서 돈을 꽤 벌었다. 물론 회사의 가치도 높아졌다. 창업 당시에 10억 원의 자본으로 출발한 회사가 5년 만에 10배가 커진 100억 원짜리 회사가 되었다. 어느 날 10명의 주주 가운데 A가 갖고 있던 주식 10주를 모두 팔고 싶다는 의사를 밝혔다. 그 주식은 B가 사기로 했다. B는 A에게 얼마를 주면 될까? 답은 10억 원(=100억 원/10주)이다. 회사 가치가 10배로 커졌으니 처음에 1주에 1,000만 원이던 주식의 가치가 1억 원이 되었고, 모두 10주이기 때문이다.

사업이란 잘될 수도 있지만 잘 안 풀릴 수도 있다. 자동차 사업이 생각처럼 잘 운영되지 않았다면 어떻게 될까? 5년이 지난 시점에 이 회사의 자동차가 소비자들에게 별로 인기가 없어서 공장에 재고만 쌓이고 운영자금은 점점 줄어든 상황을 생각해보자. 결국 회사 가치는 10배 떨어진 1억 원으로 낮아졌다. 이번에는 주주 C가 갖고 있던 10주를 모두 팔고 싶어 한다. 이 주식은 D가 사기로 했는데, 10주 값으로 1,000만 원을 내주었다. 시작할 때는 회사 가치가 10억 원이었지만, 5년 후 가치가 10분의 1로 쪼그라들면서 당초 1억 원어치였던 10주도 그 가치가 10분의 1인 1,000만 원으로 뚝 떨어진 것이다. 주식은 이와 같이 시장 상황이나 기업 가치의 변화에 따라 가격이 출렁일 수 있다.

주식은 주주 입장에서는 투자한 자금이지만, 회사 입장에서는 사업자금, 즉 자본금이 된다. 회사가 운영되는 중간에 장사가 잘되면 제조시설을 더 확장할 일이 생기기도 한다. 사업자금이 부족한 기업은 기존 주주나 새로운 주주에게 주식을 더 발행하고 그 가치만큼 대금을 받아서 사업자금을 더 조달할 수 있다. 경영진이 은행에 가서 필요한 사업자금을 대출받을 수도 있는데, 대출은 이자를 내야 하는 돈이다.

반면에 주식에는 이자가 없다. 주주는 이자도 없는 주식을 왜 살까? 이는 주식의 가치가 살 때보다 시간이 지나면 더 높아질 것을 기대하기 때문이다. 물론 이는 나중에 사업이 잘 안 되면 샀을 때보다 주식 가치가 더 떨어질 수 있다는 위험을 기꺼이 감수하는 행위다. 따라서 주식을 사려는 사람은 그 기업이 앞으로 돈을 잘 벌어서 기업 가치가 높아질 것으로 예상될 때만 사야 한다.

주주가 얻을 수 있는 것은 주식을 사고팔아서 올린 차익만은 아니다. 회사들은 사업이 어느 정도 자리를 잡아 안정된 이익이 꾸준히 들어오기 시작하면 이익의 일부를 정기적으로 주주에게 배당금으로 돌려준다. 보통 1년에 한 번 배당하는데, 분기마다 결산한 후 주주에게 배당금을 주는 회사가 점점 늘어나는 추세다.

주식은 눈에 보이지 않는 주식시장에서 거래된다. PC나 스마트폰 앱을 통해 주식을 사거나 팔 수 있다. 적당한 증권사를 골라서 주식거래 계좌를 만들기만 하면 쉽게 거래할 수 있다. 증권사 앱을 다운로드해서 비대면으로 계좌를 만들 수 있다. 물론 가까운 오프라인 지점에 찾아가도 창구에서 주식 거래 계좌를 만들 수 있다.

02

기업은 왜
주식 상장을 할까?

상장上場은 어떤 회사의 주식을 주식시장에서 거래할 수 있도록 등록하는 것을 말한다. 한자를 직역하자면 '(뭔가를) 시장에 올려놓는 것'이라고 해석할 수 있는데, 표준국어대사전에는 '주식이나 어떤 물건을 매매 대상으로 하기 위하여 해당 거래소에 일정한 자격이나 조건을 갖춘 거래 물건으로서 등록하는 일'이라고 풀이되어 있다.

상장은 다른 말로 '기업공개Initial Public Offering, IPO'라고 한다. 회사를 처음 설립할 때 주주로 참여한 몇몇만 보유하고 있던 주식을 주식시장의 불특정 다수에게 내놓아 공개적으로 거래한다는 의미다. 주식시장에 상장한 회사는 상장기업, 상장하지 않은 기업은 비상장기업이라고 한다.

기업은 왜 상장을 하는 것일까? 첫째, 상장한 기업은 주식시장을 통해 자금을 조달하기가 수월하다. 사업자금이 필요할 때 주식을 더 발행해서 새로운 주주들이 그 주식을 사들이면 그 금액만큼 회사에는 사업자금이 생긴다. 둘째, 상장한 기업은 비상장기업에 비해 사회적으로 더 신뢰할 만한 기업으로 위상이 높아진다. 상장은 일정한 기준을 충족한 기업에만 제한적으로 허용되기 때문이다. 다른 나라 기업과 무역하는 경우를 생각해보자. 한 번도 거래해본 적 없는 낯선 회사에 우리 물건을 팔고 싶다고 연락했을 때, 우리가 상장기업이라면 상대편은 기업 규모나 사업 연속성 면에서 우리 회사가 믿을 만하다는 인증을 받은 회사로 여기게 된다. 비상장 상태일 때보다 거래가 성사될 가능성이 훨씬 높아지는 것이다.

참고로, 2024년 1월에 개정된 한국거래소 규정에 의하면, 유가증권시장(코스피)에 상장하려면 설립 후 3년 이상인 기업이면서 자기자본이 최소 300억 원 이상, 최근 연간 매출액 1,000억 원 이상이면서 기준시가총액(공모가격×상장예정주식수)이 2,000억 원 이상, 일반 주주 500명 이상 등의 요건을 충족해야 한다.

정보기술^{IT} 또는 바이오 기업 등 벤처 기업들이 주로 상장하는 코스닥 시장의 상장 요건을 보면, 법인세 차감 전 계속사업이익이 50억 원 이상이거나, 기준시가총액이 300억 원 이상이면서 매출액 100억 원 이상 등 수익성이나 성장성을 중심으로 설정된 기준을 맞춰야 한다. 동시에 소액주주 500명 이상으로 이루어져 있어야 한다.

그런데 한 번 상장하면 영원히 상장기업일까? 그건 아니다. 상장기업이 일정 기준을 충족하지 못하게 되면 퇴출될 수 있다. △ 회계

감사의견 비적정 △ 자본잠식 △ 매출액 미달 △ 실질심사 대상 지정 등이 그것이다. 즉, 돈을 제대로 못 벌고 있거나, 자본금을 다 까먹거나, 경영 상태가 엉망인 회사는 주식시장에서 쫓겨난다. 한국거래소는 평소에 상장기업들의 경영 상태를 유심히 살펴보고 있다가 이렇게 일정 기준에 미달하는 기업이 생기면 상장폐지 여부를 심사한다. 만일 퇴출 대상으로 결정되면 해당 기업은 주식시장에서 밀려난다.

따라서 투자자는 어떤 기업의 주식을 사들인 후 마냥 마음 놓고 있어서는 안 된다. 그 기업이 사업을 잘하고 있는지 계속 관심 있게 살펴보아야 한다. 사업이 앞으로도 더 잘 운영될 것으로 판단되면 지금보다 주식을 더 살 수도 있고, 반대로 사업이 잘 안 될 조짐이 보인다면 주가 하락에 따른 피해를 보지 않도록 재빨리 주식을 팔고 떠나는 투자 감각이 필요하다.

03

증시 격언으로 배우는
주식시장 원리

　'밀짚모자는 겨울에 사라'와 같은 말을 들어본 적이 있는가? 주식시장에는 이런 격언이 정말 많다. 주식시장이 존재한 이래 오래도록 반복되었던 시장의 움직임, 수많은 투자자의 경험이 차곡차곡 쌓여 시장 참여자들 사이에서는 어느 정도 검증된 시장의 패턴이 증시 격언이라는 표현으로 승화된 것이다. 대표적인 증시 격언 몇 가지를 통해 주식시장의 원리를 가볍게나마 알아보자. 여기에서 소개한 격언 말고도 알아두면 좋은 격언이 많다. 이 글을 계기로 다른 격언들을 찾아보면서 주식시장의 원리에 한 걸음 더 다가가기를 바란다.

　다만, 격언은 수학 공식이 아니라서 어떤 조건에 들어맞았을 때 결과값이 항상 정확하게 도출되지는 않는다. 하지만 비슷한 상황에서 참고하면 투자 여부를 판단하는 데 도움이 될 것이다.

밀짚모자는 겨울에 사라

밀짚모자는 한여름에 뜨거운 햇빛을 가리기 위한 여름용품이다. 여름에 주로 쓰고 겨울에는 불필요하다. 따라서 여름에는 수요가 많아 비싸고 겨울에는 수요가 적어서 값이 저렴할 가능성이 높다. 즉, 이 격언은 비수기를 노려서 주식을 매수하면 저렴하게 살 수 있다는 뜻이다. 예를 들어 아이스크림 회사는 추운 겨울보다 더운 여름에 매출이 많이 오르기 때문에 주가도 여름에 더 높은데, 주가가 낮은 겨울에 미리 주식을 사 뒀다가 실적이 좋아서 주가가 많이 오른 여름에 매도하는 전략을 쓰면 효과가 있을 거란 이야기다.

소문에 사서 뉴스에 팔아라

주가는 보통 '호재'라고 하는 좋은 뉴스가 알려졌을 때 오르는 경우가 많다. 그런데 주식시장에서 어느 회사가 대규모 수주를 앞두고 있다거나, 실적이 아주 좋을 것으로 기대된다는 소문이 돌면 주가가 상승한다. 그런데 정작 이런 소문이 진짜로 확인되어 언론에서 뉴스로 보도하면 곧 주가가 하락세로 돌변할 때가 있다. 이 격언은 바로 이런 경우를 두고 하는 말로, 증권업계에서는 '재료가 소진'되어 주가가 하락했다고 표현하곤 한다.

무릎에 사서 어깨에서 팔아라

주식투자 수익을 극대화하는 방법은 이론적으로는 아주 쉽다. 주가가 가장 낮을 때 사서 가장 많이 올랐을 때 팔면 된다. 하지만 현실에서는 쉽지 않다. 그 시기가 언제인지 알 수 있는 사람은 아무도 없기 때문이다. 시간이 흐르면 나중에야 알게 될 뿐이다. 그래서 주가가 바닥을 찍었다고 생각해 매수 버튼을 눌렀는데 계속 더 추락하거나, 연일 상승하는 주식이 이제 거의 다 오른 것 같아서 매도했는데 그 후로도 계속 치솟는 경우가 비일비재하다. 우리가 흔히 '껄무새'라고 부르는, '언제 살 걸' '언제 팔 걸' 하며 후회하는 투자자라면 기억해두어야 할 격언이 바로 '무릎에 사서 어깨에서 팔아라'다.

투자자는 주식의 최저점과 최고점을 결코 알 수 없다. 따라서 각자가 원하는 목표 수익률을 설정해 놓고 관심 있는 주식을 적당한 가격에 사서 비교적 많이 올랐다 싶으면 팔고, 이후 더 오르는 주가는 내 몫이 아니라고 생각하는 게 좋다.

목표 수익률 수치를 적정선에서 잡는 것이 중요하다. 매번 매수한 가격보다 100%, 200% 오르기를 기대하는 것은 비현실적이다. 그럼 현실적인 투자 수익률 목표는 어느 정도로 잡으면 될까? 은행 정기예금 이자율을 기준으로 생각하면 된다. 이 이자율이 연 3%라면 이보다 약간 높게 잡는 것이다. 예를 들어 5%포인트(p) 높이는 게 목표라면 연 8%를 목표 수익률로 잡는다. 그리고 주식 공부를 꾸준히 하고 실전 경험을 계속 쌓아나가면서 목표 수익률을 서서히 높여가면 된다.

달걀을 한 바구니에 담지 마라

달걀 한 무더기를 바구니 하나에 다 담아서 들고 가다가 운 나쁘게 넘어지면 바구니 속 달걀은 전부 깨지고 만다. 하지만 바구니 여러 개에 나눠 담고 여러 번에 걸쳐 옮긴다면 그중 바구니 하나를 잃어도 나머지는 무사할 것이다. 투자할 때도 이처럼 투자할 돈을 한 종목에 전부 투입하지 말고 여러 종목에 나누어 투자하는 게 좋다. 언제 어떤 주식에서 무슨 악재가 발생할지는 아무도 모른다. 만일 한 기업에만 투자자금을 모두 투입했다가 그 기업에 큰 사고가 난다면 전 재산을 잃을 수도 있다. 반면에 나누어 투자한 10개 종목 중 하나에서 악재가 발생하더라도 해당 주식만 매도하면 추가 손실을 막을 수 있다.

이 격언은 종목 분산뿐 아니라 투자 대상을 주식 외에 예금, 채권, 원자재, 외환, 금 등 여러 가지로 분산하는 게 좋다는 의미로도 사용한다.

떨어지는 칼날은 잡지 마라

떨어지는 칼날을 잘못 잡았다가는 손을 크게 베일 위험이 있다. 마찬가지로 추락하는 주식을 무모하게 사지 말고, 어느 정도 하락세가 진정되고 반등하는 모습이 보일 때를 노리는 게 좋다는 뜻의 격언이다.

개별 주식이든 주식시장 전체든 갑자기 어떤 이유로 급격히 하락하는 경우가 있다. 이때 주식을 싸게 살 기회라고 여겨서 매수 주문을 내는 용감한 투자자들이 있다. 하지만 하락세가 언제 멈출지는 아무도 모른다. 하루 만에 멈출 수도 있지만 몇 주, 몇 달 이상 이어지기도 한다. 갑자기 위기가 발생했을 때 섣부른 낙관주의는 위험하다. 신중하게 살피는 자세가 필요하다.

죽은 고양이도 한 번은 튀어 오른다

영어로는 '데드캣 바운스Dead Cat Bounce'라고 하는 격언으로, 계속 하락하던 주가가 반등하다가 다시 하락세로 방향을 틀어버리는 상황을 가리킨다. 이제 더 하락할 일이 없어 보여 안심하고 매수하기 시작한 투자자 입장에서는 낭패가 아닐 수 없는 상황이다. 따라서 투자자는 '떨어지는 칼날을 잡지 마라'는 격언대로 인내심을 갖고 기다렸다가 반등세를 확인한 후에 매수를 시도해야 하지만, 이마저도 데드캣 바운스가 아닌지 의심해 보면서 신중하게 판단해야 한다.

황소와 곰은 돈을 벌지만, 돼지는 도살된다

주식시장에서 황소는 상승장을, 곰은 하락장을 상징한다. 돼지는 욕심부리는 투자자를 의미한다. 강세장일 때는 대다수 주식이 상승하기 때문에 주식 투자자가 돈을 벌 가능성이 상당히 높다. 하락장에서도 공매도(주식을 빌려서 먼저 팔고 나중에 해당 주식을 사서 갚는 매매 기법)를 하거나 인버스 투자(주가가 하락하면 수익을 올릴 수 있도록 설계한 파생상품에 투자)를 통해서 수익을 올릴 방법이 존재한다.

하지만 주식은 한없이 오르기만 할 수는 없다. 이 세상 모든 것은 전성기를 지나 성숙기를 거쳐 쇠락하기 마련이다. 기업도 호황기에는 돈을 많이 벌어서 주가가 치솟지만, 시장 상황이 변해 수익성이 악화하면 주가가 꺾이곤 한다. 투자자는 이러한 시장의 속성을 항상 염두에 두고 지금 시장이 어느 지점에 와 있는지를 생각하며 투자해야 한다.

호황기가 길어져 주식시장이 과열되면 대박을 꿈꾸며 뒤늦게 주식 투자에 뛰어드는 사람들이 급격히 늘어난다. 하지만 산이 높으면 그만큼 골짜기도 깊게 마련이다. 강세장 기간이 길면 대폭락이 머지 않았음을 생각해야 하는데, 욕심에 눈이 멀어 뒤늦게 주식시장에 합류한 투자자들은 폭락 장세로 전환하는 조짐을 읽지 못하고 시장이 추락할 때 큰 손실을 입고 만다.

주식시장에는 아마추어 리그가 없다

복싱, 태권도, 레슬링 등 격투기 경기에서는 체중이 비슷한 선수들끼리 묶어서 겨룬다. 하지만 주식시장에서는 이런 배려가 없다. 50kg 이하 플라이급 선수와 86kg 이상 헤비급 선수가 무자비하게 맞붙는 복싱 경기를 떠올려보자. 스포츠는 프로든 아마추어든 형평성 논란이 없도록 구성한 선수들이 겨룬다는 기본 룰이 존재한다.

하지만 주식시장에는 아마추어만을 위한 경기장이 따로 없다. 오늘 처음 계좌를 만든 왕초보 투자자와 투자의 귀재 워런 버핏 같은 초고수가 동시에 맞붙는 무서운 전쟁터다. 그래서 주식투자를 할 때는 준비 없이 무턱대고 주식부터 덥석 사면 안 된다. 그에 앞서 주식시장이 움직이는 기본 원리를 반드시 공부한 후 시작해야 한다. 여러분의 돈은 소중하니까.

04

액티브 투자와
패시브 투자

목표 수익률을 설정한 후 이를 달성하기 위한 여러 투자 방식을 알아보다 보면 그 방향이 상반되는 경우가 있다. 대표적인 것 중 하나가 액티브active 투자와 패시브passive 투자다. 액티브는 '활동적, 적극적'이라는 뜻이고, 패시브는 '수동적, 방어적'이란 의미다. 두 방식 모두 주식으로 돈을 번다는 최종 목적지는 같지만, 그곳까지 가는 경로가 다르다고 보면 된다.

액티브 투자: 적극적으로 투자할 종목을 발굴하는 투자법

액티브 투자는 시장 평균 수익률보다 높은 수익률을 내는 것을 목표로 하는 투자 방법이다. 이때의 시장 평균은 코스피 지수나 코스닥 지수 같은 주식시장 전체 종목을 모아서 시가총액 등을 감안해 계산한 주식시장 전체의 평균 점수라고 보면 된다. 하지만 어떤 시험이든 평균 점수와 별개로 성적이 상위권인 응시자는 존재하기 마련이다. 액티브 투자는 이런 상위권 응시자를 찾아서 투자하자는 방식이다.

수많은 개별 종목을 찾아보고 각 기업이 속한 업종에서 차지하는 위상, 제품 또는 서비스의 경쟁력, 강점과 약점 등을 분석한 후 이 가운데 앞으로 돈을 많이 벌 수 있을 것으로 보여 주가도 많이 오를 가능성이 높아 보이는 종목을 선별하는 게 중요하다. 시험이라면 우등생, 주식시장 용어로는 '우량주'를 적극적으로 골라내 투자하는 것이다.

많은 사람이 시도하는 방법이다. 다만 단점이 있다. 패시브 투자 방식에 비해 노력과 비용이 많이 든다는 것이다. 수많은 산업과 기업에 대해 철저히 공부해야 투자할 만한 우량주를 찾아낼 수 있기에 초보자가 당장 시도하기에는 적당하지 않다. 일정 수준 이상의 투자 실력을 쌓을 때까지 시간이 오래 걸리고 그동안 수련하는 과정도 만만치 않아서다. 난이도가 꽤 높다는 얘기다. 하지만 자기만의 투자 방법을 터득한다면 나중에는 상대적으로 좋은 성과를 거둘 수도 있다. 본인이 몇 년 이상 열심히 노력하겠다는 각오가 필요하다.

이처럼 시간과 노력이 많이 필요하다면 액티브 투자는 초보 투자자가 관심을 두기 곤란한 방법일까? 그건 아니다. 전문가에게 수수료를 주고 맡기는 방법이 존재한다. 다만 패시브 투자에 비해 액티브형 주식 펀드는 수수료가 높다는 점을 알아두자. 이는 여러분이 부담스러워하는 종목 발굴과 이슈 대응 등을 전적으로 펀드 매니저에게 맡기기 때문이다. 상황에 따라 액티브 펀드의 매니저는 펀드 내 종목을 자주 사고팔 수도 있다. 이런 경우에는 잦은 매매에 따른 추가 수수료가 펀드 수익률에 영향을 미칠 수도 있다.

패시브 투자: 지수를 추종하는 저비용 투자법

패시브 투자는 코스피 또는 코스닥 같은 주식시장 평균만큼의 수익률을 목표로 하는 투자다. 패시브 투자는 개별 종목을 분석하지 않고 선택한 지수의 움직임을 그대로 추종한다. 코스피 지수나 코스닥 지수 같은 주요 지수가 오르내릴 때 해당 지수에 편입된 종목들을 기계적으로 사고판다. 개인 투자자가 패시브 투자를 하려면 원하는 지수를 추종하는 펀드를 사면 된다. 주식처럼 쉽게 거래할 수 있는 상장지수펀드 exchange trade fund, ETF로 투자할 수 있다.

패시브 투자의 장단점은 액티브 투자의 장단점과 정반대 지점에 위치한다. 액티브 투자처럼 개별 종목을 공부할 필요가 없고, 시간과 비용도 덜 든다.

패시브 투자는 시장이 장기적으로 꾸준히 성장하는 상황일 때 활용하면 편리하다. 지수 펀드를 사서 마냥 기다리고 있으면 수익률이 쌓일 가능성이 높아서다. 또 액티브 펀드에 비해 지수 펀드는 운용 수수료가 저렴하다. 개별 종목을 발굴하기 위한 펀드 매니저의 시간과 노력이 들지 않기 때문이다. 패시브 펀드의 매니저는 담당하는 펀드가 추종하는 지수에 종목이 들어왔다가 나가는 변화에 기계적으로 대응한다. 또 패시브 투자는 선택한 지수에 편입된 모든 종목에 분산해 투자하므로 특정 종목의 악재에도 그다지 영향을 받지 않는다.

그러면 패시브 투자는 사놓고 그냥 잊은 채 가만히만 두면 되는 완벽한 투자법일까? 그건 아니다. 시장이 하락하는 약세장에서는 당연히 수익률을 까먹기 때문이다. 그래서 패시브 투자자도 주식시장 전체가 영향받는 큰 이슈에는 관심을 두어야 한다. 예를 들어 코로나19 팬데믹 사태처럼 경기 침체가 우려되는 초대형 이슈가 발생하면 주식시장 전체가 장기간 급락할 수 있다고 생각하며 대응해야 한다.

또한 펀드에 언제나 추적 오차가 발생할 수 있다는 사실도 유의해야 한다. 추적 오차란 추적하는 지수의 수익률과 해당 지수 펀드의 수익률 사이에 발생하는 오차를 말한다. 대개 거래비용이나 관리보수 등이 반영되어 나타난다. 추종하는 지수의 수익률이 높아도 추적 오차가 크게 나타나는 펀드에는 투자하지 말아야 한다.

액티브 vs. 패시브: 시장을 보는 관점의 차이

액티브 투자와 패시브 투자가 이렇게 서로 다른 방식을 취하는 이유는 무엇일까? 이는 시장을 보는 기본 관점이 다르기 때문이다. 액티브 투자자는 시장이 비효율적이라고 생각한다. 이 세상이 완벽하다면 투자자들은 모두 투자에 필요한 정보를 바탕으로 합리적으로 판단하고 주가에도 기업 가치가 올바르게 반영될 것이다. 하지만 현실은 그렇지 않다. 같은 정보라도 투자자마다 다르게 해석할 수 있다. 또 훌륭한 기업이라도 투자자에게 잘 알려지지 못해서 저평가 상태에 있기도 하고, 사업을 제대로 운영하지 못하는 기업의 주가가 고평가되어 있는 경우도 있다. 액티브 투자는 바로 이와 같은 시장의 불완전함에서 생겨나는 틈새에서 남들이 못 본 종목을 찾아내 시장 평균을 뛰어넘는 수익률을 노리는 것이다.

이와 달리 패시브 투자는 시장이 효율적이라고 여긴다. 단기적으로 보면 주가가 기업 가치를 제대로 반영하지 못할 수 있지만, 시간이 지나면 결국 제 가치를 찾아가게 된다고 보는 것이다. 따라서 패시브 투자는 기본적으로 장기투자에 적합한 방식이라고 할 수 있다.

결국 액티브와 패시브, 어느 한쪽이 옳고 그르다고 단정할 수 있는 게 아니다. 투자자가 시장을 어떻게 바라보느냐에 따라 자신에게 맞는 투자 방식을 선택하는 것이 중요하다.

기본적 분석과
기술적 분석

주식 투자에서 수익률을 가르는 핵심 두 가지가 있다. 바로 '투자할 종목'과 '매매 시점^{timing}'이다. 이 두 가지만 잘하면 여러분 같은 초보 투자자도 머지않아 좋은 투자 성적표를 받을 수 있다. 최고의 종목과 최적의 타이밍을 찾기 위한 노력은 모든 투자자의 과제다. 이를 위해 발전한 분석 기법이 '기본적 분석'과 '기술적 분석'이다.

기본적 분석: 기업의 내재된 가치와
현재 주가 간의 차이에서 투자 기회를 찾는 방법

기본적 분석^{Fundamental analysis}은 주가는 수시로 움직이는 반면에 기업의 진짜 가치는 본질적으로 흔들림 없이 유지된다는 관점에서 시작됐다. 그래서 현재 기업의 내재가치를 계산한 다음, 현재 주가가 내재가치보다 높은지 낮은지를 기준으로 투자 여부를 판단한다.

　기업의 적정가치는 기업이 보유한 자산 또는 벌어들이는 이익을 기준으로 파악한다. 자산을 기준으로 하면 사옥과 토지, 공장 설비, 현금성 자산, 특허, 사업권 등 기업이 보유한 유무형의 자산 가치를 더해서 가치를 구할 수 있다. 이익을 기준으로 하면 매년 기업이 벌어들이는 이익을 토대로 앞으로 벌어들일 이익을 전망해서 기업의 가치를 계산할 수 있다.

　기본적 분석에서는 개별 기업의 재무상태를 토대로 계산하는 것 외에도 글로벌 경제 여건, 해당 업종의 경기 사이클, 환율, 금리, 독과점 여부, 경영진의 능력과 평판 등 기업을 둘러싼 전반적인 경제 상황과 사업 환경을 두루 살펴본 후 투자 여부를 결정한다.

기술적 분석: 주가 흐름과 패턴을 토대로
투자 의사를 결정하는 방법

　기술적 분석Technical analysis은 기업의 내재가치와 무관하게 주가 흐름과 패턴을 토대로 투자하는 방법이다. 쉽게 말하면 주가 차트를 보고 투자 여부를 판단한다.

　기술적 분석의 관점에서 주가란 기업의 모든 이슈를 빠짐없이 반영한 결과라고 본다. 어떤 주식에 이슈가 발생했을 때 상승 또는 하락으로 형성된 주가는 시장에 참여한 모든 주식 투자자의 생각이 반영되어 이루어진 것이라는 의미다. 따라서 투자자의 심리가 가장 중요한 영향을 미치는 만큼 자산이든 이익이든 기업의 가치를 별도로 측정할 필요가 없다고 생각한다.

매일매일의 주가 흐름을 보여주는 주가 차트에는 주가 움직임 외에도 주식을 사고파는 수급(거래량) 동향도 나타난다. 기술적 분석가들은 수십 년간 쌓인 주가 흐름과 거래량에 대한 기록을 보면서 일정한 추세와 패턴에 주목했다. 과거의 패턴과 주가 흐름으로 짐작해보니 현재 어떤 종목에 비슷한 이슈가 발생했을 때 주가가 어떻게 움직일지 미리 예상하고 대응할 수 있다는 시각이다. 특정 주가 패턴이 발생한 종목들을 추리는 식으로 투자 대상 종목을 발굴하고 적당한 매매 시점도 가늠한다.

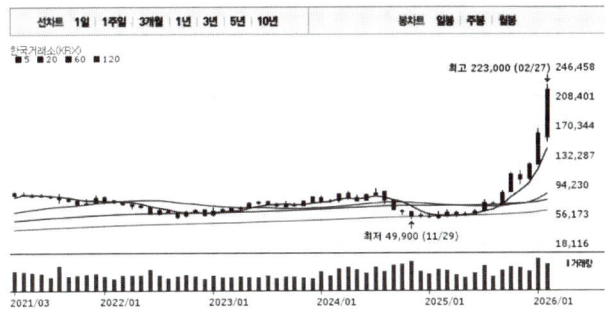

삼성전자의 월간 주가 차트
(2026년 2월 말 기준. 자료: 네이버페이증권)

PBR과 PER: 기본적 분석의 대표적인 두 가지 지표

초보 투자자가 꼭 알아두면 좋을 기본적 분석 지표 두 가지를 소개한다. 자산을 기준으로 하는 PBR과 이익을 기준으로 하는 PER이 그것이다.

주가순자산비율 Price Book-value Ratio, PBR

시가총액을 순자산으로 나눈 값이다. 시가총액 10억 원인 C기업의 순자산이 2억 원일 경우 이 회사의 PBR은 5배다(=10억 원/2억 원). 마찬가지로 시가총액 2억 원인 D기업의 순자산이 10억 원이라면 D기업의 PBR은 0.2배(=2억 원/10억 원)다. C와 D 중에서도 더 매력적인 투자 대상은 D기업이다.

회사를 매수하자마자 사정이 생겨서 자산을 모두 팔아서 돈을 마련해야 하는 상황을 생각해보자. 투자자는 10억 원을 내고 매수한 C기업의 자산을 팔면 2억 원만 회수할 수 있다. 8억 원을 날린 것이다. 반면에 D기업은 2억 원을 주고 샀는데 자산을 팔자마자 10억 원이 들어온다. 8억 원이라는 차익이 남는다. 당연히 D기업 투자가 남는 장사다.

즉, PBR이 낮을수록 기업이 보유한 자산보다 기업의 가치는 더 낮게 평가받는다. 가치를 제대로 평가받고 있지 못하다는 뜻이니, 주식시장에서 PBR이 1배 미만인 주식을 잘 살펴보자.

주가수익비율 Price Earning Ratio, PER

시가총액을 순이익으로 나눈 값이다. 예를 들어 시가총액이 10억 원인 A기업의 순이익이 2억 원이면 이 회사의 PER은 5배(=10억 원/2억 원)다. 만약 시가총액 2억 원인 B기업이 순이익 10억 원이라면 어떨까? 이 회사의 PER은 0.2배(=2억 원/10억 원)다. 두 회사 중에 어느 회사에 투자하는 게 유리할까? 숫자만 보고 판단한다면 답은 B기업이다. 왜 그럴까?

A기업의 경우, 투자자가 A사 주식을 전부 사려면 시가총액인 10억 원이 필요하다. 이때 투자금을 회수하려면 5년이 걸린다(10억 원=순이익 2억 원×5년). 반면에 B기업은 시가총액에 해당하는 2억 원을 들여서 주식을 전부 산후 0.2년만 지나면 바로 투자금을 회수할 수 있다(2억 원=순이익 10억 원×0.2년).

즉, PER이 낮을수록 벌어들이는 이익에 비해 기업의 가치는 저평가되어 있다. 주식시장에서 PER 1배 미만으로 거래되는 주식을 눈여겨보자. 엄청난 바겐세일 중이니 말이다.

유의할 점

PER과 PBR 1배 미만 주식이 엄청나게 바겐세일 중인 것은 사실이다. 하지만 이는 저렴하다는 것일 뿐 훌륭하다는 의미는 아니다. 주가가 낮은 것은 시장이 그 본질 가치를 제대로 몰라서일 수도 있지만, 싸구려일 수밖에 없는 이유가 있을 수도 있다. 돈을 잘 못 벌거나, 부동산이나 예금 등 기업이 보유한 자산이 부실해서일 수도 있다. 따라서 'PER과 PBR 1배 미만'은 관심주에 들어갈 자격이라고만 여겨야 한다. 이렇게 관심주를 선별한 후 사업 내용, 경영진, 기업의 이력 등을 별도로 살펴보는 과정을 거쳐서 한 번 더 걸러내야 한다는 점을 꼭 기억하자.

기본적 분석과 기술적 분석을 함께 활용하자

초보 투자자는 기본적 분석보다 상대적으로 쉬워 보이는 기술적 분석에 먼저 눈이 가는 경우가 많아 조심해야 한다. 증권방송이나 유튜브 같은 SNS만 봐도 차트 중심 기술적 분석가들이 곳곳에서 여러분을 유혹할 것이다. 아무래도 기본적 분석은 개별 기업의 사업성 분석 외에도 경제 전반에 대한 폭넓은 배경지식이 필요하다 보니 가급적 피하고 싶은 마음이 드는 것도 무리는 아니다.

하지만 과거의 주가만으로는 미래의 주가를 설명하기 어렵다. 예를 들어, 과거에 사업을 엉망으로 해서 망해가던 회사에 새로운 경영자가 나타나 신규 사업에 진출해 큰 성공을 거둬 주가가 치솟는 경우를 생각해보자. 부진했던 예전 실적 탓에 바닥권까지 추락해 있던 과거의 주가 추이는 절대 현재의 경영 개선과 신규 사업 진출 성과라는 기업의 체질 개선을 예고할 수 없다.

두 분석 중 어느 한 가지만 맹신하는 태도는 위험하다. 투자자는 두 가지 방식의 장점을 조합해서 적절히 활용해야 한다. 전문가들은 투자할 만한 유망한 기업을 선별할 때는 기본적 분석을 쓰고, 그렇게 골라둔 기업을 실제로 매매하는 시점을 판단할 때는 기술적 분석을 활용하면 좋다고 조언한다.

06

적립식 투자와
거치식 투자

앞에서 투자 성적표를 가르는 핵심 중 하나로 '매매 시점'을 이야기했다. 주가가 가장 저렴한 시점을 포착해 즉시 주식을 사서 최고로 비싼 시점에 매도할 수만 있다면 부자가 되는 것은 시간 문제다. 하지만 현실에서 그렇게 할 수 있는 사람은 존재하지 않는다. 시장은 너무나 변덕이 심하기 때문에 정확한 매매 시점을 찾는 것은 불가능하기 때문이다.

그래서 전문가들이 권하는 방식은 주식을 꾸준히 나누어 사는 적립식 투자다. 적립식 투자와 정반대로 한꺼번에 큰돈으로 주식을 사는 방식은 거치식 투자라고 한다.

거치식 투자: 일정하게 꾸준히 사들이기

사회 초년생이라면 각자 상황에 따라 1,000만 원, 3,000만 원 등 일정 규모의 목돈 마련을 목표로 월급을 쪼개 열심히 저축했을 것이다. 1년간 노력해 드디어 여러분이 1,000만 원을 모았다고 하자. 이 돈을 주식이나 펀드를 사는 데 한꺼번에 투입한다면 이게 바로 거치식 투자다.

이때 투자하자마자 운 좋게 주가가 계속 오르기만 한다면 높은 수익률을 기록할 수 있을 것이다. 몇 달 만에 원금 1,000만 원이 몇 배로 불어나 수천만 원으로 커질 수 있다. 하지만 투자하자마자 주가가 떨어진다면? 애써 모은 목돈이 금세 쪼그라들고 만다. 심하면 원금이 반 토막 나거나 거의 대부분을 잃는 불행한 사태를 맞이할 수도 있다. 거치식 투자는 일시에 모든 것을 걸기 때문에 위험도가 그만큼 높다.

이와 달리 적립식 투자는 일정한 기간 동안 투자할 돈을 조금씩 나누어 장기간 투자하는 방식이다. 보통 저축이라고 하면 현금을 모아가는 것을 말하는데, 적립식 투자는 꾸준히 주식을 모아가는 일종의 주식 저축이라고 할 수 있다.

이제 구체적인 예시를 통해 거치식 투자와 적립식 투자를 비교해보자.

여러분과 같은 사회 초년생 김거치와 박적립이 동시에 각각 3년 동안 총 3,000만 원을 A사 주식에 투자하기로 했다. A사 주가는 첫해 1만 원, 두 번째 해에 1만 1,000원, 세 번째 해에 9,000원을 기록했다. 두 사람은 모두 3년차 연말에 주식을 모두 팔아서 수익을 확정했다.

거치식 투자를 선택한 김거치는 첫해에 3,000만 원을 한 번에 투입했다. 3년 동안 그대로 두었다가 3년 후 연말에 찾았는데, 10% 손실을 기록하며 원금을 300만 원 까먹었다. 1만 원이던 주가가 10% 하락한 9,000원일 때 매도했더니 원금 3,000만 원이 10% 줄어들며 2,700만 원이 된 것이다.

이번에는 적립식 투자를 택한 박적립 차례. 박적립은 3년에 걸쳐 매년 A사 주식을 1,000만 원어치씩 샀다. 그런데 3년 후 김거치와 같은 날 돈을 찾았더니 약 30만 원의 수익이 났다. 3,000만 원이 3,030만 원으로 약간 불어난 것이다.

29만 2,929원(약 30만 원) =

$$1{,}000만\ 원 \times \frac{1.1만\ 원 - 1만\ 원}{1만\ 원} + 1{,}000만\ 원 \times \frac{9{,}000원 - 1.1만\ 원}{1만\ 원} + 1{,}000만\ 원 \times \frac{1만\ 원 - 9{,}000원}{9{,}000원}$$

똑같이 3,000만 원이라는 원금을 투자한 두 사람의 결과가 다르게 나타난 이유는 무엇일까? 적립식 투자의 경우, 세 번에 걸쳐 주식을 나눠 사는 과정에서 거치식으로 투자할 때보다 주식을 매입한 가격의 평균값이 내려갔기 때문이다(전문 용어로 '평균 매입 단가'라고 한다). 3년간 주가가 움직이지 않고 가만히 있으면 거치식 투자와 적

립식 투자는 결과가 동일하다. 하지만 현실의 주식시장에서 주가는 항상 오르내리기 마련이다. 정기적으로 동일한 금액을 투자한다면 주가가 오를수록 매수할 수 있는 주식 수는 줄어든다. 이와 달리 주가가 내릴수록 살 수 있는 주식 수는 늘어난다. 이런 과정이 반복되면 동일한 기간 적립식 투자의 평균 매입 단가는 거치식 투자에 비해 낮아진다.

감이 잘 오지 않는 독자를 위해 평균 매입 단가를 계산해보겠다. 계산하기 쉽게 투자금 단위를 확 낮춰서 총 30만 원을 세 번에 걸쳐 10만 원씩 나눠 산다고 가정한다. 주가가 5,000원이면 20주를 살 수 있다(10만 원=5,000원×20주). 주가가 1만 원이면 10주를 살 수 있다(10만 원=1만 원×10주). 주가가 2만 원이면 5주를 살 수 있다(10만 원=2만 원×5주). 주가가 오르면 매수 가능 주식 수가 줄어들고, 반대로 주가가 내리면 매수 가능 주식 수가 늘어나는 것이 보이는가? 여기서 총 30만 원의 투자금으로 사들인 전체 주식 수는 35주다(20주+10주+5주). 이때의 평균 매입 단가는 약 8,571원이다(총 투자금/총 주식 수=30만 원/35주).

적립식 투자가 등장한 이유는?

적립식 투자 방식이 등장한 근본적인 이유는 무엇일까? 앞에서 투자 수익률을 가르는 핵심은 '투자할 종목'과 '매매 시점(타이밍)'이라고 했는데, 적립식 투자는 여기서 특정 매매 시점이 언제인지를 찾는 대신, 매매 시점을 최대한 쪼개고 쪼개는 방식으로 대응하는 전략이다. 미래를 예측할 수 없는 인간의 한계를 인정하고 찾아낸 현실적인 대응책이라고나 할까. 현실에서는 주가가 언제 오르고 내릴지 예측할 수 없다. 그런데 적립식 투자를 통해 주식의 평균 매입 단가를 낮추는 방식으로 접근해보니 그나마 최선의 결과로 이어질 가능성이 높더라는 것을 기나긴 투자의 역사를 거치며 발견해낸 것이다.

여기서 유념할 것은 적립식 투자가 만병통치약은 아니라는 점이다. 대박을 낼 수 있는 방법은 아니라는 이야기다. 오히려 잃지 않을 가능성을 높이는 데 더 효과적이라고 봐야 한다. 거치식 투자도 단점만 있는 것은 아니다. 주가가 몇 년 동안 계속 오르기만 한다면 처음에 주가가 낮을 때 큰돈을 투입해서 묵히는 게 훨씬 높은 수익률을 낼 수 있으니 말이다. 다만 왕초보 투자자인 여러분이 소중하게 모은 거금으로 굳이 거치식 투자를 해 위험을 무릅쓸 필요는 없다고 생각한다.

주식을 비롯한 모든 투자 대상은 상승하더라도 직선 형태로 오르지 않는다. 올랐다 내렸다 하면서 큰 틀에서 볼 때 우상향하는 형태를 띤다. 적립식 투자는 이렇게 시장이 출렁인다는 전제하에서 투자자가 중간에 멈추지 않고 꾸준히 실행할 때 위력을 발휘한다. 지난 코로나 팬데믹 사태 때처럼 주식시장이 급락하면 대부분의 투자자는 패닉 상태에 빠져 허둥지둥 주식을 팔고 싶은 충동을 느낀다. 하루하루 추락하는 주가를 보는 게 너무 무섭기 때문이다. 하지만 적립식 투자를 선택했다면 그런 상황에서도 매달 정해진 날짜에 꼬박꼬박 주식을 조금씩 사는 행위를 중단하면 안 된다. 주가가 뚝 떨어졌을 때도 주식을 사는 용감함이 평균 매입 단가를 낮춰주기 때문이다.

일반적인 적립식 투자 방법은 정해진 금액을 정해진 날짜에 은행에 적금하듯이 하는 것이다. 특히 여러분 같은 초보 투자자는 매달 월급날에 맞춰서 자동으로 원하는 펀드에 적립식으로 투자하는 방식으로 가입하면 편리하다. 은행이나 증권사를 통해 가입할 수 있다.

투자의 경험을 충분히 쌓은 후에는 적립식 투자 방식을 변주할 수도 있다. 주식이나 펀드에 투자하는 금액이나 투자 시점을 임의로 판단해 조정하는 것이다. 다만 이런 수준에 이르기 전까지는 착실하게 월급날 정액을 이체하는 적립식 투자 방식이 좋을 것이다.

07

모멘텀 투자와
가치 투자

최적의 '매매 시점(타이밍)'을 잡는 것은 매우 어려운 일이지만, 그럼에도 사람들은 좋은 타이밍을 찾아 헤맨다. 그래서 고민하던 선배 투자자들이 찾아낸 방법이 있으니, 바로 모멘텀momentum 투자라는 전략이다. 쉽게 말해 요즘 가장 인기 있는 주식이 뭔지 살펴보고 그 주식에 투자하는 것이다. 주식시장 트렌드에 민감하게 반응하는 방식이다.

모멘텀 투자와 정반대 관점의 투자 철학이 가치 투자다. 가치 투자는 기업의 본질 가치에 비해 주가가 바겐세일 상태인 주식에 투자하는 방식이다.

모멘텀 투자: 주식시장 최고의 트렌드 세터를 찾아라

'모멘텀'은 원래 물리학 용어로 '물체가 가는 방향으로 계속 가려는 현상'을 말한다. 주식시장에서 말하는 모멘텀 투자는 일단 주가가 한창 오르는 주식은 앞으로도 계속 오를 가능성이 높다는 생각에서 출발했다. 요즘 주가가 계속 상승세인 주식이 보이면 덩달아 사기만 하면 되는 것이다. 주가가 상승하는 배경은 잘 몰라도 된다. 그저 며칠째 오르고 있는 주식을 찾아서 일단 사서 보유하면 한동안 주가가 계속 달려가는 흐름을 함께 누릴 수 있을 거라고 기대하는 것이다. 강세장에서는 어느 정도 효과를 보기 쉽다.

하락세를 탄 내 주식을 이유 불문하고 분위기에 맞춰 팔아치우는 것도 마찬가지로 모멘텀 투자에 해당한다. 따라서 모멘텀 투자에서는 시장 참여자들의 심리와 분위기를 살펴보는 것이 가장 중요하다. 지금 주식시장에서 무엇이 유행하고 있는지를 열심히 찾아다니는 투자 방식이기 때문이다.

유행에 민감한 방식인 만큼 모멘텀 투자자는 뉴스나 소문에 관심이 많다. 좋은 뉴스가 나오면 주가가 오르고 부정적인 뉴스가 나오면 주가가 떨어질 가능성이 높아서다. 뉴스 하나에 일희일비하며 주식을 사고파는 경우도 많다. 좋은 뉴스로는 개선된 실적, 대규모 수주 계약, 실력 있는 경영진 영입을 비롯해 기존에 존재하던 악재의 해소 등이 있다. 나쁜 뉴스로는 악화된 실적, 부정적 이슈 발생 등이 있다. 부정적 이슈에는 개별 기업의 이슈 외에 글로벌 경기 악화 같은 거시적인 뉴스도 들어간다.

모멘텀 투자에서는 주가 움직임을 보여주는 주식 차트와 기술적 지표가 중요하다. 이동평균선의 모양, 거래량 등도 매매할 때 판단 요소가 된다. 모멘텀 투자는 하루에도 몇 번씩 사고팔거나, 길어야 며칠간 보유한 후 매도하는 단기 투자에 주로 활용된다.

가치 투자: 주식시장 최고의 저평가 주식을 찾아라

가치 투자는 기업의 본질 가치보다 현재 주가가 저평가되어 바겐세일 상태일 때에만 투자하는 방법이다. 지금 시장에서 가장 잘나가는 주식보다는 소외된 주식에 관심을 둔다. 주가는 계속 바뀌어도 기업의 본질적인 경쟁력은 쉽게 변하지 않는다는 관점에 따른 것이다.

가치 투자는 기업의 내재된 가치와 경쟁력에 주목한다. 그래서 기본적 분석 방법을 활용해 적정한 기업의 가치를 계산하고 그 값어치보다 저렴하게 거래되는 주식을 찾아서 쌀 때 미리 사놓고 기다리는 방식을 선호한다. 이런 방식은 하루 이틀 후에 결과를 보기가 어렵다. 보통 몇 개월에서 몇 년이 걸리기도 한다. 장기 투자에 적합한 방식이라고 볼 수 있지만 운이 좋으면 한두 달 만에 호재가 쏟아져서 빠르게 주가가 적정 가치까지 치솟는 경우도 있다.

주식을 일단 사서 보유하고 있는 동안에는 온갖 호재와 악재를 뉴스로 접하게 마련이다. 그 기업의 사업 전망과 경쟁력, 적정 가치에 대해 충분히 인지하고 있으면, 중간에 부정적인 뉴스를 보더라도 기업의 본질에 영향이 없다면 느긋하게 기다릴 마음의 여유를 가질수 있다. 일시적으로 시장이 출렁여도 불안감을 덜 느낄 수 있다.

모멘텀 투자와 가치 투자의 장단점

모멘텀 투자의 장점은 빠르게 시장 상황에 대응할 수 있다는 것이다. 시장이 갑자기 상승하거나 하락할 때 빠르게 판단해 주식을 매매하며 수익을 극대화하거나 손실을 최소화할 수 있다. 하루종일 시장을 지켜볼 수 있는 전문 투자자(기관·개인)들이 활용하기 좋다. 하지만 하루 종일 본업에 매달려야 하는 일반 투자자가 하루에도 몇번씩 사고파는 식의 모멘텀 투자를 하기는 쉽지 않다.

가치 투자의 장점은 중장기적 시각으로 투자하기 좋다는 것이다. 기업의 본질적인 경쟁력을 바탕으로 투자 여부를 결정하기 때문에 시장의 단기 변동에 크게 반응할 필요가 없다. 다만 기업의 본질 가치를 이해하기 위해 공부할 게 많아서 초보자에게는 진입 장벽이 다소 높다. 또 현재의 바겐세일 가격이 시장에서 제 가치를 인정받을 때까지 시간이 얼마나 걸릴지는 아무도 모르기 때문에 그사이에 다른 주식에 투자해서 얻을 수 있는 기회비용이 있을 수 있다는 점도 염두에 둬야 한다.

모멘텀 투자와 가치 투자는 관점이 반대되는 투자 방식이지만, 투자자는 양쪽의 장점을 적당히 섞는 방식으로 투자할 수도 있다. 바겐세일 중인 저평가 종목들을 잘 고른 후에 그중 상승세를 탄 종목이 있다면 투자하는 것이다. 그러기 위해서는 두 가지 방식의 특징을 미리 잘 이해하고 어느 정도 투자 경험을 쌓아야 한다.

모멘텀 투자자와 가치 투자자는 성격이 다르다?

모멘텀 투자와 가치 투자는 투자자가 선택할 수 있는 투자 방식이지만 투자자 개인의 성격이나 성향에 따라 선호도가 달라지는 경향이 있다. 성격이 급해서 빠른 결과를 원하는 사람일수록 모멘텀 투자에 끌릴 가능성이 높다. 반면에 신중하고 분석적인 사람이면 가치 투자에 흥미를 느낄 수 있다. 그래서인지 투자를 하다 보면 자기 자신의 성격을 전보다 더 잘 알게 된다.

08

집중 투자와 분산 투자

'달걀을 한 바구니에 담지 말라'는 말이 있다. 위험을 분산해야 한다는 의미로 쓰이는 격언이다. 투자계에서는 분산 투자를 이야기할 때 주로 거론된다. 어떤 주식에서 리스크가 발생할지 모르기 때문에 여러 주식으로 나누어 투자해야 한다는 취지다.

분산 투자와 정반대의 입장을 지닌 투자 철학은 집중 투자다. 한정된 투자 자금으로 효과적인 수익률을 올리려면 투자 대상을 우량한 몇 가지로만 압축해서 집중적으로 투자해야 한다는 것이다.

분산 투자: 고수익보다는 손실 방어에 효과적인 전략

분산 투자는 시장과 상장된 주식에 어떤 일이 생길지 미래를 아무도 알 수 없다는 가정에서 출발한다. 따라서 미래를 예측할 수 없는 투자자는 위험을 최대한 잘게 쪼개는 것으로 대응한다. 앞서 적립식 투자 방식에서도 위험을 나누기 위해 투자 기간과 투자자금을 잘게 쪼갠다고 이야기했다. 분산 투자는 투자 대상을 최대한 다수로 늘리는 것이라고 생각하면 된다.

분산 투자의 장점은 투자에 대한 지식이 많지 않아도 투자 대상을 다수로 늘리는 행위만으로도 손실을 줄일 수 있다는 것이다. 코스피 지수나 코스닥 지수의 움직임을 추종하는 인덱스 펀드는 이러한 분산 투자의 원리가 적용된 투자 상품이다. 굳이 개별 종목을 발굴하는 수고로움 없이 주식시장 전체에 상장된 주식 모두를 투자 대상으로 삼는다. 이렇게 투자하면 개별 기업에서 발생하는 이슈가 시장 지수에 미치는 영향이 별로 크지 않다. 일부 기업의 실적이 부진하거나 상장이 폐지되는 등 악재가 나타나도 크게 걱정할 필요가 없다.

하지만 이렇게 부정적 이슈에 강하다는 장점은 거꾸로 긍정적 이슈에는 약하다는 단점이 되기도 한다. 일부 기업이 아주 좋은 실적을 올리거나 대규모 수주에 성공하는 등 호재가 나와서 주가가 치솟더라도 시장 지수에 반영되는 효과는 그리 크지 않기 때문이다.

따라서 분산 투자의 목적은 높은 수익률을 얻는 것이 아니라 손실을 최소화하는 데 두어야 한다. 공격적인 투자자보다는 방어적인 투자자, 경험 많은 투자자보다는 초보 투자자에게 어울리는 투자 방식이다.

집중 투자: 최고의 종목에 제한된 자본을 집중하는 전략

우리 시대 가장 유명한 투자자인 워런 버핏은 대표적인 집중 투자파다. 버핏은 자신의 회사 버크셔 해서웨이의 투자 자금을 이 방식으로 운용한다. 버크셔 해서웨이의 2025년 4분기 말 기준 투자 현황에 따르면, 버크셔 해서웨이 투자자금의 약 71%가 5개 종목(애플, 아메리칸 익스프레스, 코카콜라, 뱅크오브아메리카, 쉐브론)으로만 이루어져 있다.

집중 투자의 장점은 제한된 투자금을 효율적으로 사용할 수 있으며, 투자자의 생각대로 주식이 움직일 경우 분산 투자에 비해 높은 수익률을 올릴 수 있다는 것이다. 그러자면 투자자가 투자 대상을 골라내는 눈이 좋아야 한다. 투자 지식이 탄탄한 경우에 어울리는 투자법이란 이야기다. 따라서 초보자가 바로 시행하기에는 무리가 있다. 투자 경험을 충분히 쌓은 후 집중 투자를 시도하는 게 좋다.

어떤 투자든 핵심은 '기업의 본질'

분산 투자와 집중 투자 가운데 어느 투자 방식이 더 옳다 그르다고 말하기는 어렵다. 양쪽 모두 저마다의 장점이 있기 때문이다. 투자자 개인의 성향과 경험, 지식 수준에 따라 적절히 활용하는 게 좋다.

특히 어느 투자 방식이든 간에 투자 대상인 기업의 본질이 가장 중요하다는 점을 꼭 기억해야 한다. 분산 투자 대상을 우량한 기업으로 좁혀 본다면 시장 전체를 대상으로 투자할 때보다 나은 성적표를 얻을 가능성이 커지기 때문이다.

전문가들이 말하는 분산 투자와 집중 투자

분산 투자파

"한 바구니에 모든 달걀을 담지 마라. 거기에 구멍이 나 있을지도 모른다."

- 제임스 토빈James Tobin(전 예일대 교수. 1981년 '포트폴리오 이론'으로 노벨 경제학상 수상)

"이따금 '최고의 아이디어 종목 20개만 보유하지 그러냐'는 말을 듣곤 하는데, 나는 어떤 것이 내 인생 최고의 아이디어 20개가 될지 '사전에' 알지 못한다."

- 장-마리 에베이야르Jean-Marie Eveillard(프랑스 자산운용사 소시에테 제네랄의 '퍼스트 이글 펀드' 매니저 역임. 펀드평가회사 '모닝스타'에서 2001년 '올해의 주식투자 매니저로 선정됨)

"좋아하는 종목들에 많이 집중해 투자하지 않는다. 그것들이 실제로 좋은 실적을 올려줄지는 나도 모르기 때문이다."

- 제임스 길리건James Gilligan(플랫코트 홀딩스의 투자 운용 파트너. 밴 캠펜 인컴 펀드, 밴 캠펜 그로스 앤드 인컴 펀드의 수석 매니저 역임)

집중 투자파

"잘 알지도 못하고 확신도 없는 기업에 여기도 조금, 저기도 조금 하는 식으로 투자한다고 해도 위험은 결코 줄어들지 않는다."

- 존 메이너드 케인스John Maynard Keynes[적극적인 재정금융정책(케인스주의)을 지지한 영국의 경제학자. 뛰어난 투자자로도 유명함]

"모든 달걀을 한 바구니에 담고 그 바구니를 잘 지켜라."

- 워런 버핏^{Warren Buffett} (버크셔 해서웨이 이사회 의장)

"너무 많은 종목을 매수했다는 사실은 자신의 무지를 헤지(위험 회피)한 것에 지나지 않는다."

- 제럴드 로브^{Gerald Loeb} (1960년대까지 40년 이상 월스트리트에서 활약한 전설적 투자 매니저)

중립파

"분산 투자 그 자체를 위해 모르는 종목에 분산 투자하는 것은 무익하다. 어리석은 분산 투자는 투자자들이 빠지기 쉬운 함정이다."

"핵심은 종목 개수가 아니라 그 종목들이 얼마나 좋은지 하나하나 개별적으로 조사해보는 것이다."

- 피터 린치^{Peter Lynch} (피델리티 자산운용의 마젤란 펀드의 펀드 매니저 역임. 대표적인 성장주 투자자)

제3장

투자 대상
찾는 법

01

톱다운 방식:
큰 그림을 보는 투자

톱다운 Top-down 은 위에서 아래를 향해 움직인다는 뜻이다. 투자에서 사용할 때는 전반적인 경제 흐름을 살펴본 다음, 주식시장과 경제 여건으로 볼 때 어떤 산업이 좋을지 판단하고, 해당 산업에서 유망한 기업이 어디인가를 찾는 식으로 범위를 점점 좁혀나가는 투자 방식을 말한다. 도식화하면 '국내외 경제 상황 > 유망 산업 > 유망 종목'의 순서가 된다.

거시적으로 경제를 파악할 때는 각 나라의 경제성장률 추이를 살펴보면서 경기가 호전되고 있는 곳이 어디인지를 찾는다. 경제 상황을 보여주는 거시경제 지표로는 금리, 환율, 물가, 주가지수 등이 있다.

이런 과정을 거쳐 투자하고 싶은 국가를 정했다면 해당 국가에서 앞으로 크게 성장할 것으로 보이는 분야가 어디인지를 살펴본다. 정부가 정책적으로 지원에 나선 분야를 찾아보거나, 국가 발전 과정상 또는 경기 순환 과정으로 미루어볼 때 커질 수밖에 없는 분야가 어디인지 등을 유추한다. 예를 들어 불황을 극복하려는 상황에서는 건설업에 힘을 싣는 경우가 많고, 개발도상국에서 선진국으로 커갈 때는 경공업 위주였던 산업이 발전하면서 중공업 비중이 커진다는 식의 큰 방향을 찾는 것이다.

2025년 현재 큰 흐름을 보면, 몇 년 전부터 세계적으로 인공지능^{AI} 관련 산업이 커지는 모습이 관측된다. 이런 경우에는 AI 산업 자체는 물론이고, AI를 둘러싼 산업으로 범위를 넓혀 접근하면 좋다. AI 기술과 서비스를 제공하는 산업과 더불어, AI 산업에 전력이 엄청나게 소모된다는 점에 근거해 전력기기 산업과 이 산업의 주요 기업 (HD현대일렉트릭, LS일렉트릭, 효성중공업 등)으로 관심 범위를 좁혀가는 식이다.

한류가 세계적으로 번져간 현상에서도 투자 기회를 찾아볼 수 있다. 공연, 영화 등 엔터테인먼트 산업 자체는 물론이고, 한류의 영향을 받는 산업도 관심 대상이 될 수 있다. 한류 스타로 떠오른 가수와 배우가 소속된 엔터테인먼트 산업을 중심으로, 한류 스타들이 사용하는 제품이나 식품이 전 세계 팬들에게 궁금증을 불러일으켰다는 점에서 착안해 화장품이나 식품산업에 주목해보는 것이다.

이러한 몇몇 산업 가운데 마음에 드는 분야가 있으면 그 산업에서 유망해 보이는 개별 기업을 선별해나가면 된다. 예를 들어 엔터테인먼트 기업이면 한류 아이돌 그룹 중 최정상급인 BTS의 소속사 하이브나 블랙핑크 소속사 와이지엔터테인먼트를 분석하는 것이다. 화장품이라면 브랜드 운영사인 아모레퍼시픽, LG생활건강, 브랜드 없이 여러 화장품 회사에서 주문받은 제품을 제조해 공급하는 데 주력하는 코스맥스 및 한국콜마, 또는 화장품을 담는 용기를 주로 생산하는 펌텍코리아 같은 회사를 구체적으로 살펴볼 수 있다.

톱다운 방식은 거시적인 경제 흐름을 보고 투자하는 방법이기 때문에 투자자는 전반적인 경제 상황과 산업별 업황 등에 대한 뉴스를 꾸준히 주의 깊게 살펴보아야 한다. 항상 경제 전반 흐름을 살피는 만큼 경제 위기 같은 큰 리스크가 닥치더라도 평소 뉴스를 통해 분위기를 감지할 수 있으므로 비교적 빠르게 대응할 수 있다. 반면에 개별 기업에 대한 세부적 분석이 상대적으로 미흡할 수 있다는 것이 이 방식의 약점이다.

주식시장의 사계절과 달걀?

톱다운 투자자는 거시경제 흐름과 주식시장이 어떻게 맞물려 돌아가는지 알아야 한다. 우선 기억해야 할 것은 주식시장이 경기 상황보다 앞서서 움직인다는 점이다. 시중에 돈(유동성)이 풀리고, 이 돈은 주식시장 같은 곳에서 먼저 모습을 드러낸다. 돈의 힘으로 주식시장이 상승하면서 돈을 버는 사람들이 늘어나고, 이들이 돈을 쓰기 시작하면서 얼어붙었던 실물경기가 서서히 풀려나가며 불황기에서 호황기로 나아간다.

이와 같은 경기와 주식시장 움직임을 파악하는 방법으로 가장 유명한 모형 두 가지를 소개한다. 하나는 우라가미 구니오^{浦上邦雄}의 '주식시장의 사계절'이고, 다른 하나는 앙드레 코스톨라니^{André Kostolany}의 '달걀'이다. 두 가지 이론은 모두 금리의 움직임에 따라 주식시장 상황을 판단하는 것이 특징이다.

톱다운 투자 방식은 이후에 설명할 보텀업 방식에 비해 초보 투자자가 먼저 시도해볼 만하다. 다음 내용을 천천히 읽으면서 숙지해보자. 두 이론을 한눈에 보여주는 표를 보면서 현재의 주식시장이 어느 국면에 와 있는지를 생각해보자. 다만, 두 이론은 두 전문가가 오랜 투자업계 경험을 토대로 고안한 이론인 만큼 수학 공식처럼 항상 정확한 것은 아니라는 점을 알아두자. 대략적인 시장의 위치가 어디쯤인지 파악하는 수단으로 생각하면 좋다.

주식시장의 사계절

일본의 유명한 투자 전문가 우라가미 구니오는 주식시장이 순환하는 국면을 '금융장세-실적장세-역금융장세-역실적장세'의 네 가

주식 시장의 사계절 개념도
(자료: 이성수, 『가치투자 처음공부』 2021)

구분	금리	실물경기(실적)	주가
금융장세	초저금리/양적 완화	하락세 지속	이상급등 현상
실적장세	금리 인상 시작/완화책 종료	회복/강세	지속적 상승
역금융장세	초고금리/양적 긴축	완만한 상승	이상폭락 현상
역실적장세	금리 인하 시작/완화책 시작	급격한 위축	약세 국면 지속

지로 나누었다.

금융장세 때는 중앙은행이 금리를 확 낮추면서 시중에 돈이 풀리는 상황(양적 완화)이 나타난다. 금리가 낮으면 은행에 예금하던 사람들이 높은 수익률을 얻으려고 주식시장으로 눈을 돌리게 된다. 이에 돈의 힘이 주가를 밀어 올리는 장세가 펼쳐진다. 특히 은행 및 증권사 등 금융주들의 주가가 먼저 치솟는 모습이 나타난다. 증시는 뛰어오르지만 실물경기는 아직 나쁘다. 기업 실적도 좋지 않다.

금융장세 국면이 이어지면 돈을 버는 사람이 늘어나면서 이들이 소비를 확대한다. 이에 따라 서서히 기업의 실적이 좋아지고 자금을 조달하는 환경이 개선된다. 이제 실적장세로 넘어가는 것이다. 실물경기가 회복하면 중앙은행은 금리 인하를 중단한다. 기업들의 실적 호전 분위기를 반영해 주식시장도 계속 오른다. 경기는 과열을 향해 달려간다. 경기에 거품이 끼기 시작하고 생필품 가격 등 물가가 오른다.

이쯤 되면 중앙은행은 과열된 경기를 진정시키기 위해 금리 인상에 나선다. 금리가 올라가면 시중에 풀렸던 돈은 고금리를 따라 방향을 바꾼다. 사람들이 주식을 판 돈을 다시 은행 예금으로 돌리는 모습이 관측된다. 이제 시중의 유동성이 점점 줄어든다. 주식시장은 약세로 방향을 전환한다. 금융장세 때와 정반대의 모습이기 때문에 이 시기를 역금융장세라고 한다.

유동성이 줄어들면서 경기가 위축되고 기업의 실적도 뒷걸음질 치기 시작한다. 기업 실적이 하락하니 주가는 더욱 내려간다. 실적장세의 정반대 상황이 벌어지는 이 상황은 역실적장세다. 이런 상황이 심화되면 불황이다. 불황에는 중앙은행의 금리 인하 정책이 나오면서 다시 금융장세로 이어진다. 이와 같이 주식시장의 사계절은 계속 반복되며 나타난다.

코스톨라니의 달걀

앙드레 코스톨라니(1906~1999)는 20세기에 활약한 투자의 대가로 '유럽의 버핏'이라고 불리는 인물이다. 코스톨라니는 경기와 주식시장의 흐름을 달걀 형태로 나타냈다.

코스톨라니는 이 달걀을 여섯 구간으로 나눴다. 달걀의 최상단은 금리가 가장 높은 시기(금리정점)이며, 달걀의 최하단은 금리가 가장 낮은 시기(금리바닥)이다. 시중의 자금은 금리의 움직임을 따라

코스톨라니의 달걀
(자료: 이성수, 『가치투자 처음공부』, 2021)

서 달걀을 한 바퀴 돌아가게 된다. 달걀 모형의 왼쪽은 주식, 채권, 원자재 등으로 이루어진 투자 시장이 오르는 강세장 구간을 나타낸다. 오른쪽 부분은 이와 정반대로 투자 시장이 하락하는 약세장을 뜻한다.

주식 투자자는 금리가 바닥에 있는 시기에 주식을 사들여서 보유하고 있다가 금리가 정점에 가까워질 때 들고 있던 주식을 매도해 현금을 확보하고 은행 예금으로 갈아탄다.

존 템플턴
– 바겐 헌팅의 달인

존 템플턴John Templeton은 우량주를 싸게 사서 높은 수익률을 올린 가치 투자자의 정석이다. 40년에 걸친 투자 인생에서 톱다운 방식은 템플턴 투자의 기본 뼈대라고 볼 수 있다.

템플턴은 1912년 미국 테네시주에서 태어나 미국 예일 대학교와 영국 옥스퍼드 대학교에서 경제학을 공부했다. 1937년 미국 월스트리트의 금융사에 입사한 25세의 템플턴은 실제 기업가치에 비해 주가가 한참 뒤떨어진 주식들을 골라내 투자하는 방법으로 업계에서 주목받기 시작했다. 투자 경험을 충분히 쌓은 그는 1954년 드디어 자신의 투자회사 템플턴 그로스를 설립했다.

템플턴은 좋은 주식을 저렴하게 매수하는 것을 아주 중요하게 여겼다. 그는 이를 '바겐 헌팅bargain hunting'(직역하면 '싸구려 찾기')이라고 불렀다. 템플턴은 실제 기업 가치보다 약 80% 낮은 가격에 주식을 매수했다. 이 정도로 싼 가격은 주식 시장이 금융위기나 코로나19 팬데믹 정도의 여파로 박살 난 경우에나 볼 가능성이 높다. 개별 주식의 이슈보다는 전반적인 경제의 흐름을 통해 투자 기회를 찾아내는 방법이다. 실제로 그는 1939년 미국 주식시장이 크게 출렁이던 시기에 1만 달러를 투입해 주가 1달러 미만의 104개 종목을 매수해 큰 수익을 올렸다.

이후 미국 주식시장에서 투자할 만한 저렴한 주식이 어느 정도 소진됐다고 판단한 그는 해외로 눈을 돌렸다. 해외에서는 선택의 폭이 그만큼 넓어져 바겐 헌팅 대상이 훨씬 많을 거라고 생각한 것이다.

템플턴의 해외투자 시작점은 일본이었다. 그는 제2차 세계대전이 끝난 후 1950년대 일본이 경제 대국으로 부상할 것으로 전망했다. 실제로 일본 증시는 일본의 경제 성장과 더불어 그 후 30년 동안 무려 36배나 급성장했다. 1950년대부터 일본 주식시장에 투자한 템플턴은 1980년대 말부터 이익을 회수하기 시작했다. 막대한 수익률을 기록한 것은 물론이었다.

템플턴은 한국 주식시장에도 투자해 높은 수익률을 올렸다. 1997년 한국은 외환위기로 국제통화기금IMF에서 긴급자금을 수혈받는 국가 부도 사태를 맞았다. 한국 상황을 지켜보던 템플턴은 1998년 초 한국 증시가 이제 최악의 상황을 지났다고 판단해, '매튜스 코리아 펀드'라는 뮤추얼 펀드를 만들어 한국 주식시장 투자에 나섰다. 템플턴은 이 투자로 2년 만에 267%라는 엄청난 수익률을 올렸다.

템플턴은 투자 통찰을 보여주는 어록도 여러 개 남겼다. '비관론이 팽배할 때 투자하라' '강세장은 비관 속에서 태어나 회의 속에서 자라며 낙관 속에서 성숙해 행복 속에서 죽는다' 등이 대표적이다.

템플턴에게는 '영혼이 있는 투자자'라는 유명한 별칭이 있다. 이는 그가 투자자로서 보인 뛰어난 성과 외에도 기부 및 사회사업으로 남긴 명성이 높기 때문이다. 1972년 종교계의 노벨상이라고 불리는 템플턴상을 제정했고, 1987년에는 그의 재산을 바탕으로 존 템플턴 재단을 설립해 봉사활동에도 힘썼다. 이와 같은 활동을 높이 평가한 영국 여왕은 그에게 기사 작위를 수여했다. 템플턴이 템플턴 경^{Sir}이라고 불리는 이유다. 그는 2008년에 세상을 떠났지만 탁월한 투자 성과와 철학 등으로 아직도 많은 이에게 존경받고 있다.

보텀업 방식:
기업의 세부정보에 집중하는 투자

보텀업^{Bottom-up}은 아래에서 위쪽으로 향한다는 뜻으로, 투자에서는 경제나 업황에는 신경 쓰지 않고 유망한 기업이 어디인지 찾아내는 데 집중하는 투자 방식을 가리키는 용어다. 이를 위해서는 기업의 사업 모델과 시장에서의 위치, 핵심 경쟁력, 재무제표, 경영진 등을 자세하게 들여다보아야 한다.

보텀업 방식으로 투자하려면 재무제표 수치로 확인할 수 있는 매출액과 이익, 이익률, 부채와 자산 규모 등을 살펴보는 것이 중요하다. 이를 바탕으로 사업 모델에 경쟁력이 있는지, 앞으로 성장할 가능성이 큰지 등을 파악해야 한다. 특히 지금 최고 전성기를 맞은 기업보다는 앞으로 더욱 성장이 기대되는 곳을 찾아야 한다. 이를 위해서는 현재 주가가 본질 가치에 비해 저평가되어 있는지를 파악해야 한다. 이런 기업을 찾는 대표적인 방법이 주가수익비율^{PER}과 주

톱다운 방식과 보텀업 방식을 칵테일로 만든다?

톱다운 방식과 보텀업 방식 중에 어느 한쪽이 투자 성과가 더 낫다고 말할 수는 없다. 서로 다른 투자 철학에 따라 형성된 투자법이기 때문이다. 투자자마다 개인 취향과 성격에 알맞은 쪽을 선택하면 된다. 이때 두 가지 방식을 철저히 분리할 필요는 없다. 개인 스타일에 따라 적절히 섞는 방법도 가능하다.

예를 들어 경기가 불황이었다가 서서히 회복되는 상황에서 투자를 시작하는 입장이라면, 이 시점에 실적이 좋아질 만한 업종이 무엇일지 생각한 후, 해당 업종 내 기업만을 대상으로 PER 10배 이하, PBR 1배 이하, 부채비율 200% 이하 등의 재무제표 정보를 추가해 투자 후보 기업군을 좁혀서 접근할 수 있다.

투자 방법에는 정답이 없다. 투자 경험을 쌓아가면서 자신과 가장 잘 맞는 투자법을 찾아가면 된다.

가순자산비율^{PBR}이 낮은지를 알아보는 것이다.

보텀업 방식으로 투자할 때는 상장된 주식 전체를 대상으로 한 통계분석을 활용하면 편리하다. 예를 들면, 부채비율이 200% 이하인 기업 가운데, PER이 10배 이하이면서 PBR이 1배 이하인 기업을 선별해서 보는 식이다. 이러한 조건으로 추출했더니 5개 회사가 나왔다면 그 회사들의 사업 모델과 해당 산업의 특성, 경영진의 이력 등을 분석하는 것이다. 재무제표 수치를 토대로 해서 1차로 거르는 방식이기 때문에 상대적으로 부실한 회사에 투자할 위험을 줄일 수 있다. 또 이익이나 자산 가치에 비해 현재 주가가 저평가 상태인 회사를 찾아내기도 수월하다.

하지만 초보자에게는 진입장벽이 높은 방법이다. 기본적으로 재무제표와 기업평가에 대한 배경지식을 쌓은 투자자만 활용할 수 있기 때문이다. 또 개별 기업에만 집중하다 보니 거시경제에 큰 변화가 발생했을 때 대응하기가 어렵다. 따라서 보텀업 방식은 긴 호흡으로 투자하는 장기투자에 훨씬 적합하며, 며칠 또는 한두 달 안에 승부를 보고 싶은 단기투자에서는 효과를 보기가 어렵다.

피터 린치
– 생활 속 투자의 달인

피터 린치^{Peter Lynch}는 월스트리트에서 존경받는 전설적인 펀드 매니저다. 1944년생인 린치는 세계적 자산운용사 피델리티의 마젤란 펀드를 맡아 13년 동안 연평균 29.2%에 달하는 놀라운 수익률을 기록했다. 1977년부터 1990년까지 마젤란 펀드를 첫해에 비해 660배나 키워 140억 달러 규모로 불렸다.

린치의 투자법은 좋은 종목을 집중적으로 발굴해 투자하는 보텀업 투자의 교과서다. 거시경제 움직임에 딱히 신경 쓰지 않고 개별 기업 가치만 생각하며 투자에 임했다. 특히 생활 속에서 투자 아이디어를 발굴한 방법으로 이름이 높다.

린치는 생활 속에서 투자 아이디어를 찾기 위해 가족과 함께 쇼핑몰을 돌아다니곤 했다. 그 과정에서 아내와 딸들이 좋아하는 식품이나 의류 브랜드가 눈에 들어오면 메모해두었다가 사무실에서 꼼꼼하게 분석한 후 좋은 기업이라고 결론이 나면 투자에 들어갔다. 이렇게 발굴한 기업 가운데 그가 높은 수익을 기록한 것으로 유명한 곳으로 맥도날드(400배), 월마트(1,000배), 홈디포(260배), 바디샵(70배), 던킨(25배), GAP(25배) 등이 있다.

린치는 '발로 뛰는 투자'로도 유명했다. 관심이 가는 기업이 보이면 직접 찾아 갔다. 훌륭한 기업을 찾았다 싶으면 운용하는 펀드에서 그 기업보다 별로라고 판단되는 기존 종목을 매도하고 새로 발굴한 기업을 편입했다. 그래서인지 린치의 펀드에는 중소형 성장주가 많이 들어 있었다.

린치는 자서전에 개인 투자자에게 기업을 스스로 발굴해 주식에 직접 투자해 보라는 격려의 글을 남겼다. 일반적으로는 펀드 매니저 같은 기관투자자가 개인 투자자에 비해 정보가 많은 데다 움직이는 자금 규모가 크기 때문에 훨씬 유리하다고 여겨진다. 하지만 린치의 생각은 달랐다. 그는 "개인 투자자는 불합리한 평가와 규제가 없기 때문에 펀드 매니저 같은 전문투자자보다 유리하다"는 점을 일깨웠다.

예를 들어 자산운용사의 펀드 매니저는 펀드 성격에 따라 시가총액 상위 종목을 펀드에 꼭 넣어야만 하는 상황에 처하곤 한다. 혹은 시장 평균 상승률보다 운용하는 펀드의 상승률이 낮은 경우, 관련 보고서를 작성해서 상사에게 제출하는 식의 번거로운 업무상 제약에 얽매인다. 하지만 개인 투자자는 모든 것을 혼자서 판단해 움직이기 때문에 별다른 제약이 없어서 오히려 자유로이 투자할 수 있다는 게 린치의 생각이었다.

다만 린치는 개인 투자자에게 직접 투자를 권하되, 전문가처럼 주식을 열심히 공부해야 한다고 강조했다. "조사 없이 하는 투자는 패를 보지 않고 포커게임을 하는 것과 같기" 때문이다.

흥미로운 점은, 린치가 담당한 기간 동안 마젤란 펀드의 수익률은 대단히 뛰어났지만, 여기에 투자했던 모든 투자자가 돈을 벌지는 못했다는 사실이다. 투자자 가운데 절반은 손실을 입었다고 한다. 이는 펀드 수익률이 높다는 소식이 전해지면 펀드 가치가 비쌀 때인데도 이때 돈을 맡겼다가, 펀드가 조정을 받아서 수익률이 떨어지면 실망한 나머지 환매하고 떠났기 때문이다. 펀드 매니저가 아무리 펀드를 잘 운용한다 해도 중요한 것은 이를 활용하는 개인 투자자의 전략이라는 점을 잊지 말아야 한다.

워런 버핏
– 엄선한 우량주 투자의 대가

세계에서 가장 유명한 투자자 하면 누가 떠오르는가? 아마 워런 버핏Warren Buffett 버크셔 해서웨이 회장을 말하는 사람이 많을 것이다. 버핏은 2026년 2월 말 기준 세계 9위의 부자다(포브스 실시간 집계). 그의 재산은 약 1,493억 달러(한화 약 216조 원)에 달한다. 그는 '투자의 귀재' '오마하의 현인' 같은 별칭으로도 잘 알려져 있다. 버핏은 전 세계 상위권 부자 가운데 사업 아닌 투자로 세계적 부자가 된 유일한 인물이라는 점에서 의미가 크다.

버핏의 투자법을 요약하면 '초우량 성장주를 아주 싸게 사서 오래 보유하는 것'이다. 평소에 수십 년 이상 안정적으로 성장할 것으로 기대되는 초우량 기업을 발굴해서, 기업 가치에 비해 주가가 저렴하다고 판단되면 비로소 주식을 사들인다. 주가가 아주 저렴하려면 글로벌 위기 상황을 노리는 것이 효과적이다. 이때 중요한 것은 그가 평소에 투자 대상으로 삼을 만한 개별 종목들을 부지런히 분석해두었다는 점이다. 즉 보텀업 방식을 기본으로 하되 톱다운 방식으로 보완한 것이다.

버핏에게 높은 수익률을 안겨준 기업으로는 코카콜라(탄산음료 제조), 아메리칸 익스프레스(신용카드 회사), 질레트(면도기 회사), 월트디즈니(캐릭터/미디어) 등을 꼽을 수 있다. 식품, 일상용품, 서비스업 등 일반인도 충분히 이해할 수 있는 기업으로 놀라운 수익률을 올렸다는 점이 흥미롭다.

버핏은 어떤 기준으로 투자할 종목을 고를까? 그는 △이해하기 쉬운 사업을 하는가 △독점적 지위를 지녔는가 △장기적으로 돈을 잘 벌 수 있는가 △경영진이 믿을 만한가 △인수 가격이 저렴한가를 주로 살펴본다고 한다.

버핏은 전 세계적으로 인터넷과 IT 산업이 불같이 일어났던 1990년대에 연일 급등하던 기술주에 전혀 투자하지 않았던 것으로 유명하다. 복잡한 기술을 토대로 운영되는 IT 기업의 사업은 이해하기 어렵다는 것이 이유였다.

버핏은 독점적 사업을 하는 기업을 좋아했다. 경쟁사를 압도하는 제품이나 서비스를 보유하고 있어서 이를 바탕으로 수십 년 이상 꾸준히 성장할 수 있기 때문이다. 그래야 안정적 성장이 가능하고 실적 예상도 어렵지 않다는 게 버핏의 생각이다.

뉴스에서 이따금 버핏이 현금을 최대치로 들고 있다는 소식을 볼 수 있다. 이는 주식시장에 그의 마음에 드는 주식이 없다는 것을 의미한다. 그는 그런 시기에는 굳이 투자에 나서지 않고 현금을 최대한 비축하면서 인내한다. 경기가 나빠지고 주식시장도 잔뜩 하락해서 싼 주식이 많아질 때까지 기다리는 것이다. 그러다 주식시장이 폭락했다는 뉴스가 쏟아지면 그제야 그동안 분석했던 기업들 가운데 주가가 정말 저렴하다고 판단한 주식을 집중적으로 사들인다. 아무리 매력적인 종목이라 해도 진짜 매력적인 가격대로 하락하지 않으면 절대로 지갑을 열지 않는다. 버핏은 2008년 글로벌 금융위기가 발생했을 때 골드만삭스, 제너럴 일렉트릭GE 같은 좋은 회사의 주식을 바겐세일 가격으로 사들였다.

하지만 보통은 대체로 버핏과는 정반대로 행동한다. 주식시장이 연일 강세를 보인다는 뉴스가 쏟아지면 한발 늦게 주식에 관심을 두기 때문이다. 사람들은 그렇게 비싸진 주식을 허겁지겁 사들인다. 하지만 오를 대로 오른 주식시장은 이내 하락세로 방향을 전환하기에 막차를 탄 사람들은 큰 손실을 입고 만다.

'초우량 성장주를 아주 싸게 사서 오래 보유한다'는 버핏의 투자방식은 어떻게 확립되었을까? 버핏은 자신의 투자법에 대해 "85%의 그레이엄과 15%의 필립 피셔로 이루어져 있다"라고 설명한 바 있다. 버핏은 원래 가치 투자의 창시자인 벤저민 그레이엄의 제자였다. 그레이엄 교수의 수업을 듣기 위해 컬럼비아 대학교 경영대학원에 진학했다. 초기의 버핏은 그레이엄의 가르침을 바탕으로 일단 기업가치에 비해 아주 저렴한 주식을 선호했다. 이 방식은 워낙 싸게 매수한 덕분에 손해는 별로 없지만 수익률이 높지 않은 게 흠이었다. 버핏은 결국 성장주 투자로 유명했던 필립 피셔의 투자 철학으로 자신의 투자 기법을 보완했고, 이를 통해 세계적인 투자의 전설이 될 수 있었다.

1930년에 태어난 버핏은 2025년 기준 95세다. 오랫동안 왕성한 투자를 이어오던 그는 2025년 5월 이해를 끝으로 현역에서 은퇴하겠다는 입장을 밝혔다. 그야말로 살아 있는 투자계 전설의 명예로운 은퇴 선언이었다.

버핏은 기부의 대가이기도 하다. AP통신에 따르면 버핏의 기부액은 2024년 말까지 총 494억 달러(약 71조 원)에 이른다. 미국의 개인 기부자 가운데 최고로 많은 금액이라고 한다.

03

퀀트 방식:
숫자를 토대로 규칙을 지키는 투자

투자를 하다 보면 처음 시작했을 때의 생각이 바뀌는 경우가 있다. 합리적 이유에 따라 생각이 전환되는 것은 문제가 아니다. 하지만 열심히 분석해서 전망 좋아 보이는 주식을 매수했는데 한동안 주가가 좋지 않다든가, 주위 사람이 내 투자를 부정적으로 평가하면 처음의 굳은 결의는 흔들리고 만다. 결국 생각을 바꿔 주식을 팔았는데 그 주식이 급등하기 시작한다. 후회막급! 흔들리는 인간의 마음은 투자 시 최대의 적이 아닐 수 없다.

이와 같은 인간의 단점을 보완할 투자 방식을 찾아 헤매던 선배 투자자들이 찾아낸 투자 방법이 있으니, 바로 퀀트 투자다. 객관적 규칙을 기계적으로 따라 하는 투자법을 말한다.

퀀트 투자란?

퀀트Quant는 영어 'quantitative'의 줄임말로, 숫자를 헤아린다, 계량한다는 뜻이다. 퀀트 투자는 기업 재무제표, 주가, 주식거래량 등 숫자를 토대로 투자에 효과가 있는 일정한 규칙을 찾아서 그 규칙에 맞춰 투자하는 방법이다. 투자자의 주관적 판단보다는 데이터와 수학적 알고리즘을 활용하는 투자법이다. '성장성이 좋은 주식'이라고 하면 막연하지만, 퀀트 투자를 할 때는 '전년 대비 매출액 성장률이 30% 이상인 주식'처럼 수치화된 근거로 접근한다.

퀀트 투자는 요리로 치면 레시피를 따라 요리하는 것과 같다. 요리를 잘 못하는 초보자도 레시피를 따라 하면 누구나 일정한 맛을 낼 수 있듯이, 초보 투자자도 계량화된 규칙을 따라하면 일정한 수익률을 올릴 수 있다.

퀀트 투자에서는 자산의 종류, 자산 매매 시기 및 매입 금액, 보유 기간, 자산별 보유 비중 등을 규칙으로 삼을 수 있다. 예를 들면 '3년 동안 매월 25일에, 국내 주식(코스피 200 추종 ETF)과 미국 주식(S&P 500 추종 ETF)을 각각 100만 원어치씩 정기적으로 매수하되, 분기마다 각 자산의 보유 비중을 50%로 맞춰 재조정(리밸런싱)한다'와 같은 식으로 규칙을 만들고, 이를 철저히 준수해 투자하는 것이다.

이때 중요한 점은 중간에 수익률이 부진한 시기를 만나더라도 규칙을 그대로 준수하는 노력을 지속하는 것이다. 인간은 감정의 동물이라서 중간에 수익률이 마이너스로 떨어지면 규칙이 잘못됐나 싶어서 중단하고 싶은 마음이 들기 쉽다. 하지만 투자에 감정이 끼어들면 애초에 의도했던 결과를 얻는 데 방해가 될 수 있다. 처음 설정한 퀀트 투자 규칙에 이상이 없다면 감정을 배제하고 기계적으로 규칙을 따르는 자세를 고수해야 한다.

퀀트 전략은 사전에 검증할 수 있다

퀀트 투자 전략은 수천 가지에 이를 정도로 매우 다양하다. 투자자가 자신의 취향에 따라 원하는 수익률과 손실률 제한폭 등이 도출되는 수많은 팩터(투자에 영향을 미치는 요소)를 조합할 수 있기 때문이다. 퀀트 투자자가 구상해본 조합은 과거 주가 데이터를 통해 검증할 수 있는데, 이를 '백테스트'라고 한다. 백테스트 결과가 실제 투자 성과로 100% 재현된다고 보장할 수는 없다. 하지만 자신이 선택한 조합이 효과가 있는지 없는지를 미리 알아보는 데 중요한 정보로 활용할 수 있다. 낯선 곳을 찾아갈 때 지도를 참고해 길을 찾으면 목표 지점까지 최적의 경로를 찾아갈 수 있는 것과 같다. 실패를 최소화하는 데 좋다는 이야기다. 전문가들에 따르면 과거에 잘 통했던 전략이 미래에도 잘 먹히는 경우가 상당하다고 한다.

퀀트 투자에도 단점이 존재한다. 우선 과거 데이터에 의존해 분

퀀트 투자에서 활용할 수 있는 팩터 예시
(자료: 강환국, 『퀀트 투자 무작정 따라하기』, 2022)

	지표	계산법
가치주 지표	PSR	시가총액/최근 분기 매출액
	PGPR	시가총액/최근 분기 매출총이익
	POR	시가총액/최근 분기 영업이익
	PER	시가총액/최근 분기 순이익
성장주 지표	매출액 성장률	최근 분기 매출액의 증가율
	매출총이익 성장률	최근 분기 매출총이익의 증가율
	영업이익 성장률	최근 분기 영업이익의 증가율
	순이익 성장률	최근 분기 순이익의 증가율

석하기 때문에 100% 미래 성과를 보장할 수 없다. 진입장벽도 만만치 않다. 퀀트 투자 전략의 효과를 검증하는 백테스트를 해보려면 관련 분석 툴을 이용해야 한다. 그러자면 낯선 분석 툴 사용법을 익혀야 하며, 특히 여러 재무 지표를 이해해야 적용할 수 있다 보니 기술적 장벽과 재무지식 장벽이 이중으로 작용한다. 아울러 시장에 변동성이 극대화되는 상황이 발생하면 예상과 전혀 다른 투자 결과가 나올 수 있다는 점도 유의해야 한다.

개인 투자자를 위한 퀀트 투자 서비스

퀀트 투자는 각종 수치 데이터를 다루고 분석 툴도 써야 하는 진

주요 마켓 타이밍 전략

(자료: 강환국, 『퀀트 투자 무작정 따라하기』 2022)

지표	전략	설명
가격	동적자산배분	- 최근 많이 오른 자산을 매수 - 최근 대다수 자산 수익이 낮거나 음(-)이면 현금 또는 안전자산 보유 - 최근의 정의: 종목의 경우 3~12개월, ETF면 1~12개월
	역추세	단기적으로 급락한 종목 매수 단기: 1~30일
계절성	11~4 전략	주식 비중을 11~4월에는 확대, 5~10월에는 축소
	종가 베팅	종가 즈음에 종목/ETF를 사서 다음 날 시가 즈음에 파는 단타 전략
	월말월초 효과	월말에 사서 다음 달 초에 파는 전략
경제지표	OECD 선행지수	OECD 선행지수가 개선되면 진입하는 전략
	기타 거시경제 지표	금리, 경제성장률, 실업률 등의 지표를 보고 진입하는 전략
밸류에이션	PER	PER이 낮아졌을 때 진입
	PBR	PBR이 낮아졌을 때 진입
수급	외국인 수급	최근 며칠 동안 외국인 매수가 증가한 기업 매수
	기관 수급	최근 며칠 동안 기관 매수가 증가한 기업 매수
기타	VIX	VIX 지표가 크게 상승한 후 매수
	거래량	- 최근 거래량이 증가하는 기업 매수 - 보통 가격 전략 등과 병행

입장벽이 있어서 기관투자자를 중심으로 발전해왔다. 하지만 최근 몇 년 사이에 개인 투자자가 활용하기 좋은 퀀트 분석 툴이 여러 가지 등장했다. 이를 통해 개인 투자자도 각자 생각해본 전략을 백테스트하고 종목도 발굴할 수 있다. 또 투자자의 증권사 계좌와 연동해서 본인이 지정한 전략에 따라 자동으로 주식을 매매할 수도 있다. 이 모든 과정은 별도 프로그램을 설치할 필요 없이 인텔리퀀트,

젠포트, 퀀터스, 퀀트킹 같은 웹사이트를 통해 이용할 수 있으며, 원하는 기간만큼 사용료를 결제한 후 이용하면 된다.

일부 증권사(NH투자증권, KB증권, 미래에셋증권 등) 중에도 '다이렉트 인덱싱Direct Indexing'이라는 이름으로 개인 대상 맞춤형 퀀트 투자 서비스를 제공하는 곳이 있다.

초보 투자자가 보기에는 퀀트 투자 서비스가 좀 어려울지도 모르겠다. 여기서는 활용할 수 있는 투자 방법 중에 이런 것이 있다는 정도로 알아두고, 관련 용어와 기본 개념을 익히는 데 의의를 두도록 하자.

벤저민 그레이엄
– 가치 투자 및 퀀트 투자의 창시자

기업 가치에 비해 주가가 크게 저렴한 주식을 엄선해서 투자하는 것을 '가치 투자'라고 한다. 자산 및 이익을 토대로 기업의 가치를 계산한 후 현재 주가와 비교했을 때 주가가 기업 가치보다 싸다고 판단되면 투자하는 것이다.

벤저민 그레이엄Benjamin Graham은 이와 같은 현대적 투자 기법을 처음 제시하고 이론을 세운 인물이다. 당시만 해도 미국의 주식시장에서 기업 가치 분석은커녕 작전 세력들이 활개를 치던 시절이어서, 그레이엄의 가치 투자 이론은 매우 참신한 아이디어였다. 그레이엄은 1928년부터 1957년까지 컬럼비아 대학교 경영대학원 교수로 일하면서 가치 투자 이론을 가르쳤다. 그의 명성을 듣고 제자가 된 사람이 바로 워런 버핏이다.

그레이엄이 이야기했던 여러 가치 투자 이론 가운데 가장 중요한 것을 하나만 꼽자면 '안전마진Margin of Safety'을 들 수 있다. 안전마진이란 기업의 실제 가치와 현재 가격 사이의 차이를 뜻한다. 예를 들어 1주당 가치가 1만 원인 주식을 2,000원에 샀다면 이 주식의 안전마진은 8,000원이다. 그레이엄은 안전마진이 클수록 투자자가 얻을 수 있는 수익률이 높기 때문에, 주식을 살 때는 언제나 바겐세일 기간을 노려야 한다고 강조했다. 그레이엄은 미국 대공황 시기에 투자를 시작해 큰 손실을 입으며 투자의 기초를 익혔다. 그러다 보니 손실을 피하는 투자법에 관심이 컸고, 이는 결국 주식을 아주 싸게 사야만 가능하다는 결론으로 이어졌다.

이러한 그레이엄의 투자법은 이른바 '담배꽁초 투자법'이라고 불린다. 버려진 담배꽁초라도 주워서 피워보면 한 모금 정도는 더 피울 수 있다는 데에서 나온 별칭이다. 주식시장의 담배꽁초 같은 기업은 주가가 바닥에 떨어진 기업이다. 이런 곳은 사업이 잘 안 되거나 여러 가지 이유로 경영상 고전하고 있을 가능성이 크다. 하지만 이런 기업이라도 위기를 성공적으로 극복하면 주가가 반등할 뿐 아니라, 꾸준히 잘해온 기업에 비해 훨씬 주가 상승률이 높은 경우가 많다. 이와 달리 어려움을 극복하는 데 실패한 기업은 파산이라는 비극을 맞을 수도 있다. 이런 점을 고려해 그레이엄은 담배꽁초 신세의 저렴한 기업을 다수 발굴해서 싼값에 주식을 매수하고, 일부가 파산하더라도 성공적으로 위기를 극복하고 우량주로 탈바꿈하는 몇몇 기업을 통해 손실을 만회하며 수익을 올렸다.

그레이엄처럼 투자하려면 무엇보다 기업 가치의 정확한 측정이 중요하다. 그레이엄은 기업 가치를 계산할 방법을 고민하다가 자산(건물, 토지, 기계설비 등)과 이익(제품과 서비스를 제공해서 벌어들인 수익에서 비용을 제외한 금액)을 중심으로 기업 가치를 계산하는 방법을 고안했다. PBR(주가순자산비율=시가총액을 순자산으로 나눈 비율)과 PER(주가수익비율=시가총액을 순이익으로 나눈 비율)이 여기에서 탄생했다. 그레이엄은 PBR과 PER이 낮은 기업에 투자해야 안전마진이 높다고 봤다.

이렇게 그레이엄은 숫자를 토대로 기업 가치를 분석해 투자하는 '퀀트 투자'의 창시자가 되었다. 증권업계에서는 PER과 PBR 등 각종 투자 지표를 바탕으로

그레이엄이 제시한 주요 주식 이론

개념	그레이엄의 설명
주식은 기업의 일부	주식이란 기업의 실제 가치를 발행 주식 수만큼 나눠 보유한 증서다. 따라서 주식투자를 할 때는 기업 가치를 분석하는 게 중요하다.
미스터 마켓	주식시장을 사람에 비유하면 조울증이 있는 변덕스러운 사내라 할 수 있다. 미스터 마켓은 매일 투자자를 찾아와서 기분이 좋을 때는 높은 주가를, 우울할 때는 낮은 주가를 제시한다. 따라서 투자자는 주가 움직임에 일희일비할 필요가 없으며, 미스터 마켓이 제시한 주가를 수락할지 말지만 잘 판단하면 된다.
공격적 투자자 & 방어적 투자자	투자자는 자신의 성향에 따라 투자법을 달리하는 게 좋다. 공격적 투자자는 종목을 신중하게 선택한 후 주가가 가치보다 저렴할 때 사서 비싸지면 매도해야 한다. 소외된 대기업 주식, 내재가치보다 싼 주식에 주목하자. 만일 비우량 종목에 투자하겠다면 주가가 아주 쌀 때만 매수한다. 방어적 투자자는 손실 회피형 투자자다. 개별주를 분석하는 투자보다는 우량한 펀드에 투자하거나, 적립식으로 꾸준히 정액 매수 혹은 여러 종목에 분산 투자를 하는 게 낫다.
안전마진	기업의 내재 가치보다 저렴한 주식을 사야 한다. 그래야 주가가 투자 원금보다 하락할 가능성이 낮다. 이런 주식을 안전마진이 큰 주식이라고 한다. 가급적 저평가된 우량주를 매수하라. 비우량 종목은 피하는 게 좋지만 주가가 아주 낮다면 매수할 수 있다.

한 기업 분석 행위뿐 아니라, 계량 분석 전문 애널리스트도 '퀀트'라고 부른다.

그레이엄은 안전마진 외에도 △주식은 사업의 일부(=주가 등락만 생각한 주식 매매는 투기) △주식시장을 의인화한 '미스터 마켓^{Mr. Market}'은 조울증에 걸린 존재 △공격형 투자와 방어형 투자 등 투자자가 알아두어야 할 중요한 개념도 여럿 제시했다.

그레이엄은 행동주의 투자의 선구자이기도 하다. 가치 투자 이론이 정립되기 전의 주식시장은 온갖 작전이 몰아치던 무법천지였는데, 상장기업의 경영자가 투자자들의 뒤통수를 치는 경우도 적지 않았다. 그레이엄은 투자가 제대로 이뤄지려면 기업이 배당을 확대하고 회계를 투명하게 처리하도록 경영자들에게 요구할 필요가 있다고 보았다. 즉, 주주들이 적극적으로 권리를 행사하는 '행동주의 투자'를 주장한 것이다.

그렇다면 그레이엄의 투자 실력은 어땠을까? 그는 1925년 그레이엄-뉴먼 투자회사를 설립하고 투자자의 자금을 받아서 운용했다. 1926년부터 1956년까지 약 30년 동안 운용했던 이 투자회사의 투자 수익률은 연평균 17%였다.

제4장

나의
투자 성향
알아보기

01

투자 성향 테스트

투자 성향 테스트

　지금까지 우리는 주식과 주식시장, 주식투자의 기초 지식을 살짝 맛봤다. 하지만 본격적으로 투자를 시작하기 전에 먼저 알아볼 것이 있다. 바로 자신의 투자 성향이다. 지피지기면 백전백승이라고 했다. 스스로가 어떤 유형에 속하는지 알아본 후 다양한 투자 방법 가운데 자신의 성향에 맞는 것을 선택하면 실패할 확률을 줄일 수 있을 것이다.

　임의로 정한 여덟 가지 동물 유형으로 투자자 성향을 나누어 보았다. 현재 자신과 비슷해 보이는 동물의 성향은 여러분의 지금 상태를 보여준다. 하지만 우리의 미래는 고정되어 있지 않다. 현재 본인을 상징하는 동물을 파악하고, 다른 동물이 되고 싶다면 그 동물의 특징을 따라서 변화를 시도해보자. 여러분은 달라질 수 있다.

투자 성향에 따른
여덟 가지 유형

소심한 햄스터: 작은 손실에도 일상이 흔들리는 유형

소심한 햄스터는 투자에 실패한 사람들의 이야기를 접할 때마다 '투자는 위험하고 무섭다'고 느낀다. 평소 투자에 관심을 끄고 지내다 보니 투자 지식도 별로 없는 편이다. 투자 멘토를 만나거나 스터디 모임에 참여해봐도 자신이 따라갈 수 있을지 확신이 부족하다.

주식 투자는 위험을 감수할 수 있어야 상대적으로 더 높은 수익률을 얻을 수 있다. 하지만 예금과 적금을 선호하는 소심한 햄스터는 투자 원금을 약간만 잃어도 바사삭 부서지는 비스킷 멘탈을 지녔다. 섣불리 주식 투자에 뛰어들었다가는 일상이 크게 흔들릴 수 있으니 조심해야 한다.

소심한 햄스터 유형은 아쉽게도 주식과는 잘 맞지 않는다고 할 수 있다. 원금 손실을 감당할 마음의 준비가 될 때까지는 주식 근처에는 얼씬도 하지 않는 것이 나을 수도 있다.

소심한 햄스터도 남들이 투자로 돈을 버는 모습을 보면 자기도 뭔가 해야 할 것 같아 불안한 마음이 든다. 하지만 자신의 성향을 거스르는 투자는 성공하기 어렵다. 잃지 않는 것도 훌륭한 투자다. 조바심 내지 않고 자신의 스타일을 유지하는 것도 괜찮다.

그래도 투자해야겠다고 생각한다면 철저히 공부한 후에 도전하자. 무작정 뛰어들면 곤란하다. 기본 지식을 익히고 초보 투자자 대상 스터디 그룹에 참여해보거나, 투자의 기초를 다지는 책, 블로그, 유튜브 채널 등을 접하면서 서서히 투자자로 성장해 나가기를 권한다.

주식 투자는 기업의 주주가 되는 것이다. 따라서 기업 가치 판단하기, 산업 분석하기, 경제 흐름 읽기 등을 공부해야 한다.

기본 투자 지식은 △쉬운 경제 뉴스레터 읽기 △초보자를 위한 투자 서적(현명한 초보 투자자 등) 읽기 △초보 대상 투자 블로그/유튜브 영상 보기 △경제 뉴스 읽기 등을 통해 얻을 수 있다.

호기심 가득한 햄스터: 일단 뛰어들고 보는 유형

호기심 가득한 햄스터는 겁많은 햄스터 중에서 호기심이 왕성한 일부 부류라고 볼 수 있다. 원금 손실의 두려움이 없는 것은 아니지만 투자에 대해 알고 싶은 마음이 더 강하다. 틈틈이 다양한 투자 정보를 찾아보거나 주변 지인들에게 조언을 구해보기도 한다. 혼자서 간단한 정보를 찾아보는 데 머물지 않고 초보 투자자 대상 스터디 그룹에 참여해보거나, 책, 유튜브 등을 통해 지식을 충분히 습득한다면 서서히 훌륭한 투자자로 성장할 가능성이 잠재해 있다.

하지만 기본기가 부족한 상태에서 이것저것 함부로 시도하는 것은 위험하다. 조심하고 또 조심하는 신중함이 요구된다. 주식에 대한 기본 지식을 어느 정도 쌓을 때까지는 실전 투자에 나서지 않는 것이 좋다.

아직 주식 계좌가 없다면 적당한 증권사 앱을 설치하거나 가까운 증권사 지점에 가서 주식 거래 계좌를 만들어보자. 계좌 만들기는 무료다. 계좌를 만들었다면 증권사 주식거래시스템(HTS 또는 MTS)에 로그인해서 가볍게 살펴보자. 그냥 둘러만 보자. 시스템 내에서 분석 리포트, 주가 차트도 찾아보자. 복잡한 기능이 많지만 모두 알 필요는 없다. 주식 투자자는 좋은 기업 고르는 방법과 주식을 사고파는 방법만 익히면 된다.

공부만 하면 지루할 수 있으니 맛보기 투자를 해봐도 좋다. 다만 아직 초보이니 10만 원 이하의 작은 금액으로 관심 가는 종목을 두세 개만 골라 보고, 직접 사고팔면서 주식시장을 '체험'해보자. 투자 금액은 어느 정도 투자 지식을 쌓은 후에 늘리는 게 좋다.

혼자서 하기에 너무 어렵다 싶으면 투자 스터디에 참여해보자. 비슷한 입장의 초보 투자자들과 함께 공부하면 외롭지도 않고 재미 있게 공부할 수 있을 것이다. 다만, 소위 '리딩방'이라는 곳은 피하 자. 세상에는 공짜가 없으며 사기꾼도 득실거린다.

귀찮은 나무늘보: 자동 투자 방식에 적합한 유형

귀찮은 나무늘보는 주식 투자에 관심은 있지만 의지가 부족해 투 자에 시간을 못 내는 유형이다. 그렇다면 중장기적으로 무지성 투자 를 해도 좋은 성과를 올릴 수 있도록 자동 투자 시스템 세팅에 초점 을 맞추는 게 나을 수 있다.

취향에 맞는 자동 투자 방식을 찾는 게 중요하다. 투자 차익보다 는 확실하게 손에 들어오는 현금을 선호한다면 배당을 꾸준히 받을 수 있는 고배당 펀드/ETF를 찾아보자. 당장의 현금보다 중장기 대 박을 선호한다면 성장주 투자나 성장주 펀드/ETF 투자가 낫다. 투 자 차익과 현금을 모두 포기하기 어렵다면 성장배당주 또는 성장배 당형 펀드/ETF에 꾸준히 적립식 투자를 해볼 만하다.

의지할 투자 친구를 찾아보면 도움이 될 수 있다. 혼자서는 도저 히 귀차니즘을 타파하기 어렵지만, 같이 투자를 공부하는 친구가 생 기면 이겨낼 수 있을지도 모른다. 투자 스터디나 커뮤니티에 참여하면 경험 많은 동료 투자자들의 조언을 얻을 수 있을 것이다. 물론 그 전에 귀찮음을 떨쳐내고 벌떡 일어나 일단 스터디와 커뮤니티에 발을 들여놓아야 한다.

귀차니스트 나무늘보는 어찌어찌 투자를 시작하더라도 처음에 세팅해둔 포트폴리오를 계속 그대로 방치할 가능성이 크므로 유의해야 한다. 물론 처음에 투자 세팅을 잘해 놓으면 오히려 중장기 적립식 투자로 성과를 얻을 수도 있다. 나무늘보는 귀차니즘만 극복할 수 있다면 본인의 노력에 따라 성장할 잠재력을 지녔다고 볼 수 있다. 의지를 가다듬는 노력이 필요하다.

피곤한 노새: 중장기 적립식 투자가 적합한 유형

피곤한 노새는 주식 투자에 관심은 있지만 본업이 바쁘고 피곤해서 좀처럼 시간이 나지 않는 유형이다. 귀찮은 나무늘보에 비해 의지가 좀 더 강하기 때문에 투자에 시간을 조금이라도 할애할 가능성이 더 높다. 귀차니즘 때문이든 바빠서든 시간이 모자란 것은 마찬가지이므로 피곤한 노새 또한 자동 투자 시스템 세팅 쪽으로 접근하는 게 나을 수 있다. 초반에 방향만 잘 잡아놓으면 중장기적으로 괜찮은 성과를 기대할 수 있다.

취향에 맞는 자동 투자 방식을 찾아보자. 배당주를 통한 복리 수익 추구도 괜찮아 보인다. 고배당 펀드/ETF를 찾아보자. 개인 성향상 당장의 현금보다 중장기 대박을 선호한다면 성장주 투자나 성장주 펀드/ETF 투자를 틈틈이 공부해보자. 만약 투자 차익과 현금을 모두 포기할 수 없다면 성장배당주 또는 성장배당형 펀드/ETF에 꾸준히 적립식 투자를 해볼 만하다.

마음은 있지만 시간 부족이 문제인 만큼 투자 스터디 모임이나 퀀트 투자를 활용하면 도움을 받을 수 있을 것이다.

피곤한 노새는 일단 투자를 시작하더라도 시간이 부족해 포트폴리오를 방치할 위험이 있으니 유의하자. 매월 또는 분기나 반기마다 투자 포트폴리오를 점검한다면 투자 오류를 줄일 수 있을 것이다. 바쁘더라도 마음의 여유를 마련해서 투자에 조금만 신경 쓴다면 더 나은 성과를 얻을 잠재력이 충분한 유형이다.

똘똘한 부엉이: 노련한 투자자가 될 잠재력이 엿보이는 유형

똘똘한 부엉이는 아직 완숙한 단계는 아니어도 주식 공부에 진심인 유형이다. 보유 종목과 주식시장에 대한 기본 지식을 차근차근 쌓은 다음 본격적으로 투자에 나선다면 머지않아 노련한 투자자가 될 잠재력이 엿보인다. 외롭지 않게 투자하고 싶다면 투자 스터디에 참여해도 좋다.

열심히 공부하는 유형이다 보니 선택의 폭이 넓다. 성장주, 가치주, 배당주, 미국 주식, 펀드, ETF 등을 공부하면서 본인에게 잘 맞는 분야가 어느 쪽인지를 하나하나 파악해보자. 시장의 흐름을 따르는 게 좋다면 인덱스 펀드나 ETF를, 개별 종목 발굴 쪽이 끌린다면 기업 분석 방법을 더 깊이 공부하면 된다. 빠른 투자 차익을 확정하기보다 꾸준히 배당을 받는 안정적인 투자가 취향이라면 배당주 투자 방법을 공부하자.

다른 사람들이 발굴한 종목을 알고 싶거나, 매매 의사결정에 조언이 필요하다면 투자 친구를 만들어보는 것도 좋다. 투자 스터디나 커뮤니티에 참여해보자. 함께 하면 외롭지도 않고 재미있게 공부할 수 있을 것이다.

똘똘한 부엉이는 신중한 유형이므로 실수가 적지만, 큰 수익을 내려면 이따금 승부사 기질이 필요하다. 필요 시 과감히 베팅할 수 있는 배짱을 보완하면 수익률 향상에 도움이 될 것이다. 한편으로는 자기 능력을 과신해 실수하기 쉽다. 항상 실수할 수 있음을 염두에 두며 투자하자.

성미 급한 팔랑귀 토끼: 단타족이 될 가능성이 높은 유형

성미 급한 팔랑귀 토끼는 성격이 급한 편이라서 투자 결과가 빠르게 나오는 쪽에 끌린다. '너한테만 주는 정보야'라는 속삭임이 들리면 자기도 모르게 매수 버튼을 클릭할 수도 있다. 팔랑귀 토끼는 툭하면 사고파는 단타족이 될 위험이 있으니 유의해야 한다. 팔랑귀 토끼에서 벗어나고 싶다면 남의 말에 의존하기보다는 직접 공부해서 저평가된 기업을 찾아보려고 노력해야 한다. 충분히 공부하면 자신감이 붙는다. 그러면 저평가가 해소될 때까지 느긋하게 기다릴 여유가 생길 것이다. 보유 종목과 주식시장에 대한 기본 지식을 좀 더 쌓아보자. 투자 대상에 확신이 더 생기면 투자할 때 다른 사람의 말에 덜 휩쓸릴 것이다.

의지할 투자 친구를 찾아보는 것도 좋다. 혼자서는 주식을 발굴하기 힘들거나, 매매 의사결정에 자신이 없을 수 있다. 고민을 함께 나눌 투자 친구가 있다면 도움이 될 것이다. 투자 스터디나 커뮤니티에 참여해보자. 퀀트 투자가 도움이 될 수도 있다.

멘탈 관리에 유의하자. 감에만 의존하는 투자는 도박과 다를 바 없다. 운 좋게 베팅이 잘 먹히면 대박이 나기도 하지만, 잃을 때도 크게 잃을 수 있다. 판단력과 자제력을 키우는 노력이 필요하다.

트렌드 리더 카멜레온: 테마주에 민감하게 반응하는 유형

트렌드 리더 카멜레온은 예민하고 섬세한 예술가 속성을 지닌 투자자다. 트렌드에 밝다는 건 세상의 변화를 남들보다 빠르게 인지한 다는 뜻이기도 하다. 이런 촉이 투자 지식과 연계된다면 탁월한 투자자가 될 수 있다.

이 유형에게 부족하기 쉬운 것은 중장기 흐름을 짚을 수 있는 능력이다. 이를 보완할 필요가 있다. 투자 스터디나 커뮤니티에 참여해서 중장기적 시각이 강한 다른 투자 친구들을 만나보면 부족한 부분을 채울 가능성이 있다.

다만 트렌드를 좇는 성향은 자칫 뜨는 테마주를 수시로 사고파는 단타 투자자로 발전할 우려가 있다. 직장 생활 등 투자 외에 본업이 있는 경우에 단타 투자는 일상의 리듬을 깨뜨릴 수 있으니 조심해야 한다.

엉뚱한 고양이: 자신만의 원칙에 따라 투자하는 유형

자기만의 세계를 지닌 존재다. 트렌드 리더 카멜레온과의 차이점은 세상의 흐름과 무관한 자기만의 관심 분야에 집중한다는 것이다. 하지만 엉뚱한 고양이답게 자기가 잘 아는 분야에서 투자 감각을 키운다면 가능성이 엿보이는 투자자다.

다만 관심 분야가 아닌 생소한 분야에서는 남의 이야기에 휩쓸리기 쉽다는 약점이 있다. 약간 팔랑귀 속성을 지니고 있다고나 할까.

흥미로운 점은 팔랑귀 속성을 갖고 있지 않을 경우 주위의 조언을 잘 듣지 않는 고집 센 투자자가 될 수도 있다는 것이다. 자기 세계에 너무 집중하는 경우 그럴 가능성이 있다. 자신만의 중심을 잡으면서도 완고함에서 벗어나고자 한다면 투자 스터디나 커뮤니티에 참여해 자신과 다른 생각을 지닌 투자자들과 만나는 게 도움이 될 수 있다.

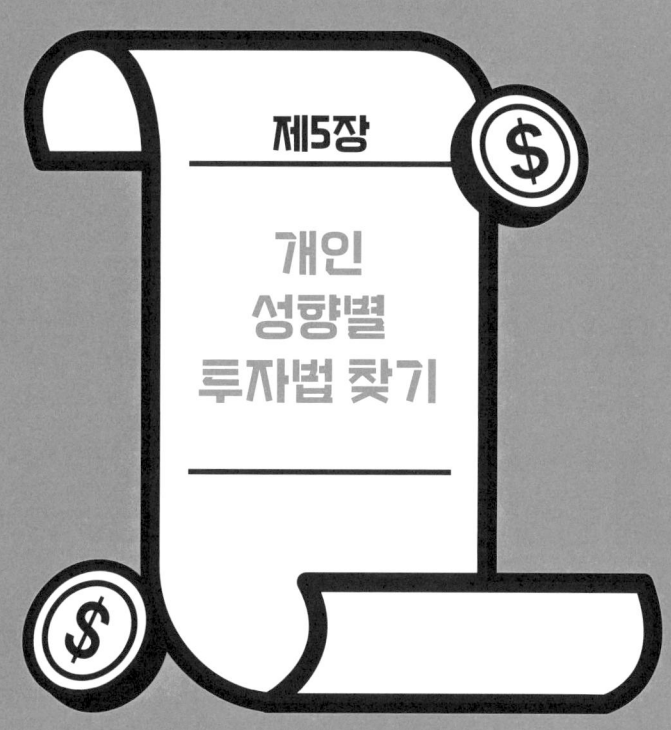

제5장

개인
성향별
투자법 찾기

01

고위험 고수익 대박 추구형 ①: 성장주 투자 방법

성장주는 미래에 크게 성장할 것으로 기대되어 현재 기업 가치보다 주가가 높게 형성되는 주식이다. 일반적으로 규모가 작은 기업 가운데 신기술 등 성장 기회를 지닌 기업을 지칭한다. 성장주는 경기 회복기나 상승기에 실적 증가에 힘입어 주가 상승률이 크게 나타난다. 또 미래 수익 성장에 대한 기대감 덕분에 내재가치보다 주가 수준이 높다.

배당보다는 연구·개발$^{R\&D}$에 재투자해 추가 성장을 추구하며, 이런 특성을 고려해 내재가치 분석과 질적 분석을 결합해 미래 성장성을 예측한다. 개별 주식이면 성장주, 이러한 기업에 집중 투자하는 펀드면 성장주 펀드라고 한다.

성장주는 거시경제 환경의 영향을 크게 받는다. 현재의 주가는 미래에 기대되는 실적을 반영하기 때문이다. 그래서 경제적 여건이 좋아져서 지수가 상승할 때 성장주는 다른 주식보다 더 크게 상승하고, 반대로 경제여건이 악화되어 지수가 하락할 때는 다른 주식보다 주가가 더 크게 하락한다. 따라서 성장주 투자자는 거시경제 흐름을 잘 이해해야 한다.

PER이 높은 주식에 투자하는 성장주 투자

일반적으로 PER(주가수익비율) 배수가 크면 고평가 주식, PER이 낮으면 저평가 주식이라고 한다. 2000년대 이후로는 성장성이 높은 주식에 대한 선호도가 높아졌는데, 성장주는 실적의 성장성보다 PER이 높게 나타나는 것이 특징이다.

성장주에 즐겨 투자했던 피터 린치는 PER 배수를 연간 성장률로 바꿔서 이해할 수 있다고 설명했다. PER이 10배인 종목은 연간 성장률이 10%, PER이 20배인 종목은 연간 성장률이 20%라는 이야기다. 이 설명에 따르면 PER이 높은 종목일수록 성장률이 높아서 투자하기 더욱 유망하다는 의미가 된다. 피터 린치는 "고성장주일 경우에 빠른 이익 증가가 주가를 빠르게 밀어 올린다는 사실을 이해해야 한다"며 "특히 장기적으로 20% 이상 성장하는 기업이 시장에서 엄청난 이익을 올린다"라고 강조했다. 밸류에이션(기업가치 대비 주가 수준)을 측정하는 더 복잡한 방법이 존재하지만, 개인 투자자는 이 정도만 알아도 투자 후보가 될 기업에 대한 힌트를 얻을 수 있다.

이때 유의할 점은 과거에는 주도주였으나 이제 저물어가는 종목도 지금 PER이 높다는 이유로 매력적으로 보일 수 있다는 것이다. 하지만 PER이 높다고 해서 무조건 이익성장률도 높다는 뜻은 아니다. PER이 높은 기업은 성장률이 높을 가능성이 크다는 뜻으로만 이해하고, 여러 사업 여건 등을 잘 살펴본 후 투자를 결정해야 한다.

워런 버핏 역시 무조건 싼 기업보다는 성장성이 좋은 기업에 투자하는 게 중요하다고 여겼다. 버핏은 초코릿·캔디 업체 씨즈캔디에 투자한 경험을 통해 "적당한 회사를 훌륭한 가격에 사는 것보다 훌륭한 회사를 적당한 가격에 사는 게 낫다"는 말을 남겼다. 씨즈캔디에 투자하기 전까지 이른바 '담배꽁초 투자'만 하던 버핏에게 씨즈캔디는 매우 비싼 주식이었다. PER이 12배, PBR(주가순자산비율)이 3배에 이르렀기 때문이다. 하지만 성장성에 주목하고 과감히 투자해 높은 수익률을 얻을 수 있었다.

성장주 투자자는 언제 나타날지 모르는 기회를 잘 잡는 게 중요하다. 버핏의 투자 파트너로 유명했던 고⁽故⁾ 찰리 멍거 전 버크셔 해서웨이 부회장은 "매력적인 투자 기회는 짧게 사라지는 경향이 있어서 정말 좋은 기회가 자주 나타나지도 않고, 오래 지속되지도 않기 때문에 늘 행동할 준비가 되어 있어야 한다"라고 강조했다. 버크셔 해서웨이는 지난 1987년 블랙먼데이 사태가 벌어지자 기다렸다는 듯이 코카콜라 주식을 대량으로 사들였다. 평소에 관심을 뒀던 기업이 본질적인 경쟁력과 무관하게 시장 전반의 이슈로 인해 하락하자 그 기회를 놓치지 않고 사들인 사례다.

성장주는 어디에 숨어 있을까?

일반적으로 성장주는 대형주보다 중소형주에서 찾기가 쉽다. 대형주도 물론 출발할 때는 작은 회사였지만 이미 커질 대로 커진 성숙한 회사가 되어 그만큼 성장 속도가 느리다고 볼 수 있다. 따라서 주가가 탄력을 받으며 크게 뛸 가능성이 낮다.

성장주는 또한 유명한 기업보다는 낯선 기업에서 나온다. 유명한 회사는 이미 많은 사람이 알고 있다 보니 현재 주가에 기업가치가 모두 반영되어 있을 가능성이 높다. 반면에 낯선 회사는 사업 내용이나 기업가치가 덜 알려져 있어서 현재 주가가 저평가 상태일 확률이 크다.

성장주는 회사가 속한 산업이 성장산업인 경우가 많다. 예를 들면 2000년대의 인터넷 업종, 2023년 이후로는 인공지능 업종이 대표적이다. 뻔한 식품산업 같은 분야에서도 가끔 성장주가 등장한다. 삼양식품이 그렇다. 라면업종은 성장산업이 아니지만 삼양식품은 국내 위주였던 시장을 해외로 확대하면서 성장주로 탈바꿈했다.

성장주는 현금 흐름이 좋은 경우가 많다. 피터 린치는 자본적 지출(대규모 설비투자)에 매달리지 않아도 되는 회사를 좋아했다. 돈을 벌기 위해 돈을 써야 하는 회사는 성공하기 힘들다는 것이 이유였다. 현금 흐름 측면에서 성장주가 나올 가능성이 큰 기업은 자본적 지출이 큰 제조업체보다 서비스업체, 플랫폼 기업이다.

랠프 웬저
– 중소형 성장주 투자의 대가

랠프 웬저^{Ralph Wanger}는 성장성이 뛰어난 강소기업(중소기업 가운데 경쟁력이 아주 강한 기업) 투자자로 명성을 떨쳤다. 그가 운용했던 펀드는 소형주 전문 펀드인 에이콘 펀드다.

시카고 출신인 웬저는 MIT에서 산업경영학 학사·석사를 취득하고 1955년에 졸업했다. 보험회사에서 일하다가 1961년 시카고에 있는 투자회사 해리스 어소시에이츠에 애널리스트로 입사했다. 이 회사에서 1970년 소형주 전문 펀드 에이콘 펀드가 출범했고, 웬저는 이 펀드의 매니저가 되었다. 이 무렵은 이른바 니프티피프티^{Nifty-Fifty}(멋진 50개 종목이라는 뜻)라고 불리던 대형 우량주가 뜨던 시절이다. 이 종목들은 한때 인기가 높았지만 1970년대 1차 오일쇼크 이후 주가가 40% 이상 급락하며 고점을 회복하기까지 10년 이상 긴 세월이 걸렸다. 니프티피프티는 이후 세상에 안전한 주식이란 없다는 교훈의 대명사가 되었다.

웬저는 니프티피프티 같은 대형주만 주목받던 시절에 중소형 투자에 집중했고 마침내 큰 수익을 거뒀다. 에이콘 펀드는 1977년 해리스 어소시에이츠에서 분리되었고 랠프 웬저가 사장을 맡았다. 웬저는 에이콘 펀드를 출범 첫해부터 은퇴한 2003년까지 운용했다. 33년 동안 이 펀드의 수익률은 연평균 17.2%(누적 1만 3000%)였다. 웬저는 이 같은 성과를 바탕으로 소형주 투자의 거장이 되었다. 그는 『USA 투데이』가 월스트리트 펀드 매니저들을 대상으로 한 '내 자산관리를 맡기고 싶은 펀드 매니저' 설문조사에서 워런 버핏을 제치고 1위에 오르기도 했다.

웬저는 저서 『작지만 강한 기업에 투자하라』를 통해 자신의 투자 철학과 투자 방법을 자세히 소개했다. 이 책의 원제는 '사자 나라의 얼룩말A Zebra in Lion Country'이다. 그가 생각하는 이상적인 투자자를 빗댄 표현이다. 얼룩말은 경쟁자가 적은 무리 외곽에서 신선한 풀을 먹고 싶지만, 외곽에서 얼쩡거리다가 사자에게 잡아 먹힐 수 있으니 항상 주변을 잘 살펴야 한다. 펀드 매니저는 남들보다 높은 수익률을 얻으려면 다수가 선호하는 안정적인 대형주보다는 우량한 중소형주를 찾아야 한다. 하지만 중소형주는 잘됐을 때는 수익률이 높지만 잘못됐을 경우에는 손실이 크기 때문에 조심해야 한다.

그래서 랠프 웬저는 사람들에게 잘 알려지지 않은 중소형주를 선호하면서도 투자 실패 확률을 낮출 수 있는 강소기업(중소기업 가운데 경쟁력이 아주 강한 기업)을 선호했다. 이를 위해 중장기적인 경제적·사회적·기술적 트렌드에 힘입어 수혜주가 될 만한 중소기업이라든가, 틈새시장 강자로서 이익이 꾸준히 늘어날 가능성이 높은 중소기업을 좋아했다. 이런 중소기업이 재무 상태까지 탄탄하고, 창조적인 기업가 정신이 충만한 경영진이 포진해 있다면 더할 나위 없이 좋다고 여겼다. 하지만 이런 회사를 찾아내도 주가가 저평가돼 있을 때만 비로소 주식을 매수했다.

랠프 웬저가 강소기업을 선호한 이유 중 하나는 대형주의 한계에서 벗어나기

- "무리에 휩쓸리지 말고 독립적인 사고와 건전한 회의주의를 유지하라."
- "두고두고 빛을 발할 테마가 있는 기업에 싼 가격으로 투자하라."
- "남의 정보를 듣고 열기가 가득한 주식을 사면 고점 매수로 실패하게 되며, 자신의 원칙을 지키면서 저점에서 매수하면 성공한다."
- "첨단기술을 개발하는 기업이 아니라 첨단기술의 혜택을 입을 다운스트림 기업에 투자하라."

위해서였다. 대형주는 이미 주가에 가치가 반영된 경우가 많아서 앞으로 주가가 상승하더라도 그 폭이 크지 않다는 것이 웬저의 생각이었다. 반면에 중소형주는 시장에서 소외되어 있을 가능성이 높고 아직 작은 회사인 만큼 향후 성장성이 훨씬 크다고 볼 수 있다. 따라서 웬저는 성장성 등 내재가치가 뛰어난 중소형주는 아직 덜 알려진 덕분에 주가가 저평가 상태인 만큼 기대할 수 있는 주가 상승 폭이 그만큼 크다고 보았다.

그가 선호하는 중소형 성장주는 연평균 순이익증가율이 15~25% 정도인 기업이었다. 이런 주식이 저평가된 가격에 거래되면 비로소 매수 버튼을 눌렀다. 그런데 순이익증가율은 높을수록 좋지 않을까? 웬저는 그렇지 않다고 보았다. 그는 순이익증가율이 40% 이상으로 너무 높은 회사는 수익성장률이 한두 분기만 정체 또는 둔화되어도 실망한 투자자들이 주식을 던지기 때문에 주가가 급락하기 쉽다고 지적했다. 또 한 회사가 이익률이 너무 좋으면 그 시장에 먹을 게 많다고 여긴 경쟁자들이 늘어나거나 고객사, 소비자 등 이해관계자들이 그 이익을 나누거나 빼앗으려는 움직임이 나타날 수 있다고 설명했다. 따라서 성장률과 이익률은 대개 평균 수준으로 회귀하기 마련인 만큼 굳이 과도하게 높은 기업에 투자할 이유가 없다는 게 웬저의 판단이었다.

웬저는 다수의 얼룩말처럼 무리를 따라 몰려다니다가는 먹을 풀이 남아나지 않는다며 군중이 주목하는 주식에 휩쓸리지 않는 냉정한 시각으로 판단해야 투자 기회를 얻을 수 있다고 조언했다. 그는 또 위기를 극복하고 반등하는 턴어라운드형 기업은 좋아하지 않았다. 이런 기업은 재무적으로 취약할 가능성이 높은 데다가 '바퀴벌레가 한 마리 나타나면 실제로는 수십 마리가 숨어 있다고 봐야 한다'는 것이 이유였다.

웬저는 이 밖에 아무리 좋은 주식이라도 쌀 때 사서 비쌀 때 팔아야 한다며 투자하기 좋은 타이밍을 찾는 것은 무의미하다고 여겼다.

02

고위험 고수익 대박 추구형 ②: 턴어라운드 투자 방법

 턴어라운드Turnaround는 방향을 바꾼다는 뜻으로, 투자에서는 부진했던 기업의 내실이 큰 폭으로 개선되어 주가가 급등하는 상황을 말한다. 즉 턴어라운드 투자는 나빴던 상황이 좋아질 만한 주식을 미리 발굴해서 투자하는 기법이다. 큰 틀에서 보면 턴어라운드 투자는 저평가 주식에 투자하는 가치 투자 방식의 하나다.

 턴어라운드 투자의 대상이 되는 주식에는 어떤 특징이 있을까? 지금보다 나중에 주가가 뛸 가능성이 커야 하므로 현재는 상태가 좋지 않거나 시장에서 별로 인기가 없을 수밖에 없다. 피터 린치가 이야기했던 관심을 둘 만한 기업의 조건을 떠올리면 좋다. △따분한 사업을 하는 기업 △우스꽝스러워 보이는 사업을 하는 기업 △비위에 거슬리는 사업을 하는 기업 △분사된 기업 △기관투자자가 거들떠보지도 않는 기업 △애널리스트가 분석하지 않는 기업 △뭔가 우울한 측면이 있는 기업 △비성장 산업에 속한 기업 등이 그것이다. 물론 이런 회사들이 모두 턴어라운드 주식은 아니다. 하지만 턴어라운드하는 주식은 이런 회사 가운데 숨어 있을 가능성이 크다. 이들은 일반적으로는 기관투자자나 개인 투자자에게 인기가 없어서 주가도 신통치 않은 경우가 많다. 잘만 찾아보면 매력적인 투자 기회를 만들어낼 수 있다.

턴어라운드 투자 대상 찾기

가장 대표적인 턴어라운드 투자 방식 중 하나는 호황과 불황을 반복하는 산업에서 회복기에 접어들 무렵 투자를 시작하는 것이다. 업황 회복기에 있는 주식을 찾으라는 뜻이다. 예를 들면 반도체 업종 같은 것이다. 관심 있는 산업의 경기 순환을 지켜보다가 불황을 마무리하고 바닥을 쳤다 싶은 상황에서 매수를 시작하면 된다. 물론 호황기가 끝나고 다시 하락 사이클로 넘어가기 전에 주식을 팔아야 하므로 매수한 후에도 꾸준한 관심이 필요하다.

어떤 산업 차원이 아니라 개별 기업이 부진함을 극복하는 경우를 포착하는 턴어라운드 투자도 있다. 이런 회사에서는 경영진 교체, 구조조정 실시, 투자를 위한 자금 재조달 등의 뉴스가 나오기 마련이다. 이런 기업이 눈에 들어오면 턴어라운드 조짐이 맞는지 지속적으로 살펴보다가 반등 시점이라고 생각될 때 매수를 시작하면 된다.

기존 경영진으로 문제를 해결할 수 없는 기업은 새로운 경영진을 배치해 변화를 모색한다. 이때 투자자는 새 경영진이 변화를 일으킬 구체적인 계획을 제시하는지, 그 계획이 효과적일 가능성이 높은지를 판단해야 한다. 예를 들면 국내에서만 사업하던 회사가 장사가 잘 되지 않아 실적이 급락하는 상황에서 경영진을 교체했다고 하자. 투자자는 새 경영진이 해외 진출을 모색하거나 국내외에서 새로운 고객사를 개척하며 돌파구를 마련하는 계획을 수립하는지, 불필요한 부동산이나 공장 등을 매각해 부족한 사업자금을 마련하는지 등등 뭔가 구체적인 방안을 모색하고 실천하는지를 확인해야 한다.

턴어라운드 투자 시 유의할 점

먼저 현재 상황이 좋지 않은 이유가 구조적으로 사업 모델이 열악해서인지, 사업 모델 자체는 문제없지만 일시적으로 위기에 몰린 것인지를 잘 구별해야 한다. 턴어라운드 투자에 성공하려면 후자의 기업을 찾아내야 한다. 사업 구조 자체가 문제인 회사는 시간이 지나도 회복하기 어려울 수 있기 때문이다.

대형 악재를 만난 기업도 사안에 따라 턴어라운드 투자 대상이 될 수 있다. 예를 들면 사업에 큰 영향을 미칠 수 있는 대형 소송이나

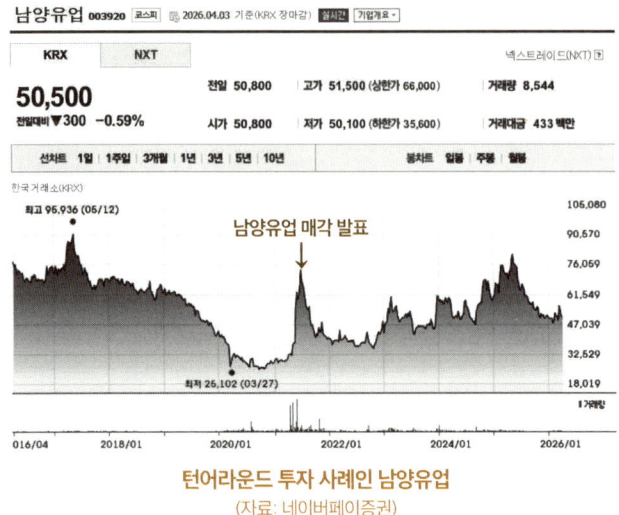

턴어라운드 투자 사례인 남양유업
(자료: 네이버페이증권)

강한 경쟁자 등장 같은 것이다. 이런 소식이 나왔을 때 주가가 꽤 오랫동안 하락할 수 있다. 어떤 사건은 발생 후 돌이킬 수 없는 수준으로 주가를 추락시키고, 심지어 사업을 포기하는 경우까지 일으킬 수 있는 만큼 조심해야 한다. 하지만 어떤 경우에는 사태가 수습되고 나서 기업이 재정비를 거쳐 다시 정상화의 길로 들어서기도 한다. 전형적인 턴어라운드 투자의 패턴이다.

이때 유의할 것은 부정적인 뉴스가 한 가지에만 그치는 경우는 별로 없다는 점이다. 대개 악재는 몇 가지가 이어지기 마련이므로, 악재 이벤트를 겨냥한 턴어라운드 투자를 할 때에는 악재가 충분히 쏟아질 때까지 인내심을 갖고 기다리는 자세가 필요하다.

예를 들어 남양유업은 경영진이 '대리점 갑질 사태'로 물의를 일으켜 전 국민의 공분을 사면서 주가가 내리막길을 걸었다. 그러나 옆에서 제시한 주가 그래프에서 보듯 2021년 5월 사모펀드인 한앤컴퍼니에 경영권이 매각됐다고 발표되면서 꾸준히 주가가 상승해 턴어라운드했다.

보초병 주식을 활용하라

부진한 시기를 어느 정도 소화하고 반등할 때가 왔는지를 어떻게 파악할 수 있을까? 전문가들은 '보초병'을 몇 주 보내는 방법을 추천한다. 바닥을 쳤다는 생각으로 큰 금액을 투자했는데 그 후 주가가 더 크게 하락한다면 큰 손실을 입을 수 있다. 이를 고려해 그 주식의 흐름을 지켜볼 수 있도록 작은 금액으로만 매수해서 관심 있는 턴어라운드 주식의 움직임을 살펴보다가 최악의 상황을 지나 반등하기 시작한 정황이 분명해지면 매수 금액을 늘려가는 식으로 대응하는 것이다.

턴어라운드 투자에서 반드시 기억할 점은 안 좋은 상황에 처한 기업이라 해도 재무 상태가 튼튼한 기업을 골라서 투자해야 한다는 것이다. 부채가 거의 없고 비축해둔 현금이 충분히 많다면 상황이 좋아졌을 때 다시 힘차게 달려나가기 쉽다. 하지만 재무 상태가 열악한 기업은 상황이 개선될 때까지 버틸 여력이 부족하다.

앤서니 볼턴
– 턴어라운드 투자의 귀재

우리 시대에 가장 유명한 투자자는 미국인 워런 버핏일 것이다. 영국에도 '영국의 버핏'이라고 부를 만한 투자의 대가가 존재하는데, 바로 앤서니 볼턴^{Anthony}

> (원문 표기) 앤서니 볼턴Anthony Bolton이다.

볼턴은 1950년생으로 세계적인 자산운용사 피델리티 영국 법인의 대표 펀드 '글로벌 스페셜 시추에이션 펀드'를 1979년부터 운용한 펀드 매니저였다. 이 펀드는 그가 2007년 말에 은퇴할 때까지 28년 동안 누적 수익률 1만 4,800%를 기록했다. 연평균 수익률로 환산하면 19.5%에 이른다.

앞에서 보험업 방식 투자자로 소개한 피터 린치는 피델리티 미국 법인의 펀드 매니저였다. 볼턴은 린치와 비슷한 시기에 피델리티 영국 법인에서 펀드 매니저로 근무했다. 그러다 보니 두 사람은 투자 후보에 올린 기업에 대해 종종 의견을 교환하곤 했다.

피터 린치는 그가 운용한 마젤란 펀드를 통해 연평균 29.2%라는 높은 수익률을 기록했다. 얼핏 보면 볼턴의 실력이 린치보다 미흡한 것처럼 느낄 수 있다.

하지만 린치의 수익률은 13년 동안 세운 기록이지만, 볼턴의 수익률은 린치의 두 배가 넘는 28년 동안 유지한 기록이기에 의미가 크다. 게다가 28년 동안 마이너스 수익률이 한 번도 없었다는 점에서 더욱 대단한 기록이다. 린치는 13년 동안 마이너스 수익률을 두 번 기록했다.

앤서니 볼턴의 투자 비결 핵심은 '턴어라운드 기업 투자'다. 기업이 사업을 제대로 하지 못하고 위기에 빠지면 실적이 나빠진다. 상장기업이라면 주가도 함께 떨어지게 된다. 볼턴은 이렇게 위기에 몰린 기업이라 해도 경영진의 신뢰도가 높고 재무 상태가 좋으면 투자했다.

볼턴은 업황이 불황에서 호황기로 넘어가는 기업, 실적이 적자에서 흑자로 전환할 조짐이 보이는 기업을 찾아서 주가가 저렴할 때 사들였다. 뉴스를 열심히 챙겨 보다가 경영진이 바뀌거나, 구조조정에 들어가거나, 자금 조달을 한다는 등의 소식이 들리면 해당 기업이 턴어라운드하려는 조짐으로 해석하고 투자 아이디어로 삼았다. 그가 가장 투자하기 좋다고 본 기업은 업황이 회복기에 접어든 상황에서 경영진이 새로 구성되어 사업 계획을 구체적으로 제시하는 기업이었다. 아울러 인기 없는 주식도 좋아했다. 주가가 낮아서 매력적일 가능성이 높았기 때문이다.

볼턴이 투자해 큰 수익을 올린 회사로는 바디샵(생활용품), 아스트라제네카(제약회사), 로슈(제약), 스탠다드차타드(은행), 노키아(휴대폰 제조사), 보다폰(통신회사), 드비어스(다이아몬드 회사), 로이터(통신사) 등이 있다.

앤서니 볼턴은 투자를 결정하기 전에 여섯 가지 포인트를 꼭 점검했다고 한다. 또 투자할 때는 그 이유가 10대 자녀도 이해할 정도로 명료해야 한다고 생각했다.

앤서니 볼턴은 여섯 가지 기준 가운데 ①~④ (독점력, 경영진, 재무 상태, 밸류에이

앤서니 볼턴의 투자 체크리스트

① 독점력이 강한가?

② 경영진이 신뢰할 만한가?

③ 재무: 부채가 적고 현금이 많은가?

④ 밸류에이션: PER(주가수익비율), PBR(주가순자산비율) 등이 저렴한가?

⑤ M&A(인수·합병)될 가능성이 있는가?

⑥ 기술적 분석으로 봤을 때도 괜찮은가?

션)를 가장 중요하게 여겼다. 즉, 본업의 시장 지배력이 강하고, 재무 상태가 튼튼하면서, 주가가 일시적으로 추락한 상태의 기업이다. ⑤ (M&A 가능성)와 ⑥ (기술적 분석 결과)은 투자 판단의 보조 수단으로 활용했다. 앞의 네 가지 기준에 들어맞는 회사가 매각될 가능성이 있을 때, 또 기술적 분석으로 진단했더니 더 투자하기 좋은 시점으로 보이면 그 주식이 더욱 매력적이라고 판단했다.

볼턴은 평소에 관심 있게 보던 기업이 최악의 상황을 벗어나는 것 같다는 뉴스가 들리면 그 주식을 아주 조금 사들였다. '감시병'을 파견한 것이다. 이를 통해 그 주식의 움직임을 살펴보다가 이제 바닥을 치고 반등하는 기미가 확실하게 느껴지면 본격적으로 주식을 사들였다.

앤서니 볼턴은 2007년 말에 현역 펀드 매니저 일을 접고 피델리티 인터내셔널의 투자 부문 사장을 역임했다. 피델리티의 애널리스트와 펀드 매니저들의 멘토 역할을 꾸준히 하고 있는 것으로 알려져 있다.

03

천천히 길게 가는 느긋한 투자형 ① : 배당주 투자 방법

배당주 투자는 벌어들인 이익의 일부를 주주에게 배당금으로 돌려주는 기업에 투자하는 방식을 말한다. 성장주는 주가가 급등락하는 경우가 많은데, 배당주는 상대적으로 주가 변동성이 적고 안정적으로 움직이는 경우가 많다. 기업은 회사 정책에 따라 분기 또는 1년에 한 번 정기적으로 배당금을 지급한다. 은퇴자, 안정적인 현금 흐름을 선호하는 투자자들이 배당주에 관심을 두는 경우가 많다.

배당주로 알려진 기업은 재무적으로 안정된 우량한 기업일 가능성이 높다. 배당은 기업의 지갑 속에 들어 있는 현금을 주주에게 나눠주는 행위다. 따라서 배당을 시작하려면 그만큼 앞으로 돈을 잘 벌어들일 자신이 있어야 한다. 배당을 한 번 주고 중단하는 게 아니라, 꾸준히 지급하기 위해서는 수익성이 양호하고 재무 상태가 안정되어야 하기 때문이다. 배당주 가운데는 경기가 나쁜 시기에도 실적이 견고한 기업이 많다.

배당주는 악재가 터지거나 경기가 나쁜 상황일 때에도 주가가 일정 수준 이상 하락하지 않는 것이 특징이다. 기본적으로 펀더멘털(본질 가치)이 좋은 기업일 가능성이 높은 데다가, 투자자들도 그 회사라면 조만간 평소 주가 수준으로 반등할 것이라고 보는 경우가 많다. 그러다 보니 나쁜 뉴스가 나오더라도 조급해하며 주식을 일제히 팔아치우지 않는 것이다. 설혹 주가가 추락하는 상황이 닥쳐도 펀더멘털이 흔들릴 정도의 심각한 이슈가 아니라면 배당주 주주들은 배당금을 받으며 느긋하게 기다리는 경우도 많다. 배당주 주주들은 성장주 주주에 비해 인내심이 강한 투자자라고 볼 수 있다.

배당주의 장점 중 하나는 배당의 변동성이 이익의 변동성보다 낮다는 것이다. 배당하는 기업 중에 우량한 기업이 많고, 기업은 대개 배당금액을 한 번 정하면 그 액수를 줄이거나 아예 삭감하는 데 큰 부담을 느끼기 때문이다. 하지만 사업으로 벌어들인 이익은 시장 경쟁 상황이나 경제 여건에 따라 변동이 나타날 수 있다.

배당을 꾸준히 하는 기업은 기업 지배구조 관점에서의 부정적 이슈가 발생할 가능성도 낮은 편이다. 우리나라 주식시장에서는 상장 기업이면서도 마치 비상장 상태의 개인 회사처럼 최대주주 입맛에 따라 독단적으로 경영하는 모습을 종종 볼 수 있다. 이익을 많이 내는 기업의 최대주주가 자신은 거액의 연봉을 받아가면서도 배당은 쥐꼬리만큼만 하거나 아예 하지 않는 경우가 이따금 뉴스에 나온다.

하지만 배당을 꾸준히 이어가는 기업이라면 이런 행태를 보이지 않을 가능성이 높다. 최대주주 등 경영진이 소액주주를 배려하는 기업이라는 이야기다. 이런 회사들은 경영도 차분히 잘하고 중장기적으로 회사를 안정적으로 성장시키기 때문에 주가의 지속적인 상승도 기대할 만하다.

배당주는 어떤 기업일까?

기업 수명주기는 '도입기-성장기-성숙기-침체기-쇠퇴기'로 나눌 수 있다. 설립한 지 얼마 되지 않는 도입기와 성장기 회사는 배당이 없거나 있더라도 금액이 적다. 이 시기에는 사업 자금이 부족해 내부 자금만으로 빠듯하게 사업을 운영하거나, 자금이 부족하면 외부에서 투자를 유치하기도 한다. 이익을 내더라도 다시 사업 확장에 투자하느라 바쁜 시기다. 이 시기의 기업들이 바로 성장주다.

이제 기업이 사업을 일정 수준 궤도에 올리면 성숙기로 접어든다. 이런 성숙기 기업은 배당이 많다. 사업이 자리를 잡아서 안정적으로 이익을 남기고 재무적으로도 안정된 결과다. 미래를 위해 축적해둔 내부 자금이 넉넉한 상태이므로 주주에게 충분히 배당하더라도 회사 경영에 전혀 지장이 없다. 성숙기를 유지하는 상황에서 신사업이 다시 대박을 내는 등 선순환이 이어지는 기업이라면 배당주 투자자에게 가장 바람직한 형태라고 볼 수 있다.

기업은 사업 모델에 문제가 있거나 경영 판단 실패 등을 겪으면 침체기를 거쳐 쇠퇴기로 접어든다. 이 세상에 100% 완벽한 기업이란 존재할 수 없다. 안정적으로 배당을 잘하던 믿음직한 성숙기 기업이라도 사업에 별 이상이 없는지 배당주 투자자는 꾸준히 관심을 두고 지켜봐야 한다. 일시적인 문제가 아니라 펀더멘털이 흔들리는 문제라고 판단되면 매도를 검토해야 한다. 이런 상황을 대비해서 대안이 될 만한 다른 배당주 후보군을 평소에 발굴하는 노력도 필요하다.

배당주에 투자하는 방법

배당주에 1년 이내로 투자할 경우

1년에 한 번 배당하는 배당주는 대체로 배당금을 받을 주주의 명단이 확정될 무렵에 주가가 가장 높은 수준까지 오른다. 주주에게 배당금을 지급하고 나면 그 금액에 비례해 주가가 떨어진다. 이를 배당락이라고 한다. 따라서 배당락 직후에 주식을 사면 싼 가격에 살 수 있다. 일부 투자자는 주가가 배당락 직후 하락하고 배당금 지급 직전에 급등하는 배당주의 연간 주가 패턴을 활용해 투자하기도 한다. 즉 배당락 직후에 매수했다가 주주 명부 확정 직전에 매도하는 것이다. 이 방식으로 투자할 경우, 배당수익에 대한 배당세

(15.4%)를 피할 수 있다. 다만, 배당금을 받아 재투자할 때의 복리 투자 효과는 누릴 수 없다는 점을 감안해야 한다.

배당주 투자의 핵심은 '장기간 재투자'

배당주 투자 효과를 극대화하기 위해서는 배당금을 받아 다시 그 주식을 사들이기를 반복하는 게 좋다. 배당주 투자는 일시적으로 배당금만 받고 바로 팔아버리기보다는 장기적으로 배당금을 꾸준히 재투자할 때 비로소 진짜 위력을 발휘할 수 있다. 이렇게 투자하면 복리 이자를 받는 경우와 비슷한 결과를 얻을 수 있다.

배당주 매수 시 무엇을 봐야 할까?

배당주는 주가가 저렴할 때 사는 게 좋다. 이는 주가가 낮을 때 배당수익률이 높기 때문이다. 배당수익률은 주당배당금을 주가로 나눈 것이다(주당배당금/주가). 주당배당금이 동일할 경우, 분모인 주가가 작으면 배당수익률이 커진다.

배당성향도 봐야 한다. 배당성향은 순이익에서 배당이 차지하는 비율이다. 다만, 이때 배당성향이 무조건 높다고 좋은 것은 아니다. 어느 정도 내부에서 사업에 투자할 자금을 남겨두고 적당한 수준의 배당을 꾸준히 하는 것이 좋다. 이익을 배당으로 다 써버리고 정작 사업할 자금이 모자라면 곤란하기 때문이다. 배당성향이 20~30% 정도로 일정한 수준을 유지하는 기업에서 이익이 계속 늘어나면 주주가 받는 배당금은 자연히 늘어나기 마련이다. 따라서 배당주에 투자할 때는 단순히 배당금과 배당수익률이 얼마인지만 볼 게 아니라, 매출액과 이익이 지속적으로 성장하면서 배당성향이 일정한 수준을 유지하거나 확대되는지를 파악해야 한다.

경기 순환에 따라 실적이 움직이는 배당주라면 업황이 바닥에 있을 때 주가가 낮은 시기에 미리 주식을 사는 전략을 쓸 수 있다.

배당주 매도는 어떻게 할까?

배당주는 한 번 사면 배당을 재투자하면서 장기적으로 보유하는 게 좋지만, 매도를 검토해야 할 때도 있다. 펀더멘털이 흔들리거나 (경쟁력 저하 및 구조적 이유로 이익 감소가 예상될 때 등), 주가가 특정 테마에 휩쓸려 단기간에 과도하게 급등한 경우에도 팔 수 있다. 테마가 잦아들면 주가는 다시 제자리로 돌아오는데 그때 다시 매수하면 된다.

더 매력적인 배당주를 발견했을 때 투자금이 모자란다면 기존 보유 배당주를 매도할 수 있다. 그 돈으로 새 배당주를 교체 매매하면 된다.

천천히 길게 가는 느긋한 투자형 ②: 포트폴리오 투자 방법

포트폴리오 투자는 하나의 자산에 집중하지 않고, 다양한 자산에 나누어 투자하는 것이다. 간단하게 '분산투자'라는 용어로 표현할 수 있는데, 이와 관련된 유명한 증시 격언이 바로 '계란을 한 바구니에 담지 마라'이다. 계란을 한 바구니에 모아놓으면 어떤 위기가 발생해 바구니를 떨어뜨리면 그 안에 담긴 계란이 모두 깨질 수 있다. 이를 방지하려면 여러 바구니에 계란을 나누어 담아야 한다는 이야기다.

계란을 나누어 담는 것은 투자할 때 위험^{risk}을 낮추면서 꾸준히 수익을 올리기 위해서다. 여기에서 말하는 '위험'은 크게 둘로 구분할 수 있다. 하나는 '고유한 위험'이다. 이것은 기업의 자산이나 매출액이 감소하는 등 기업에 영향을 미치는 위험을 말한다. 이때의 위험은 분산투자를 통해 어느 정도 제거할 수 있기 때문에 '분산 가능

위험'이라고도 한다. 다른 하나는 '시장 위험'이다. 금융위기, 인플레이션(물가 상승) 등 증권시장에 영향을 미치는 위험을 뜻한다. 포트폴리오 투자는 이 두 가지 유형의 위험을 줄이는 데 효과적이다.

금융자산은 투자에 따른 위험을 기준으로 안전자산과 위험자산으로 나눌 수 있다. 안전자산으로는 국채, 정기예금이 대표적이다. 원금이 거의 보장되며 위험이 낮고 안정적인 이자수익을 얻을 수 있다. 위험자산에는 주식, 펀드, ETF(상장지수펀드), 부동산, 원자재, 암호화폐 등이 있다. 높은 수익을 기대할 수 있지만 변동성이 크고 원금 손실 가능성이 있다.

포트폴리오를 어떻게 짜야 할까?

위험자산과 안전자산을 나누어 투자자의 위험 감수 성향과 투자 목표에 따라 적당하게 배치하면 된다. 그 비율에 정답은 없다. 초보 투자자가 힌트를 얻을 만한 몇 가지 방법을 소개한다.

100-나이 법칙

사회 초년생 초보 투자자라면 100-나이 법칙이 유용할 수 있다. 이 법칙은 100에서 본인의 나이를 뺀 수치를 포트폴리오 내 주식 비중으로 정하는 것이다. 예를 들어 30세라면 70%(=100-30)를 주식으

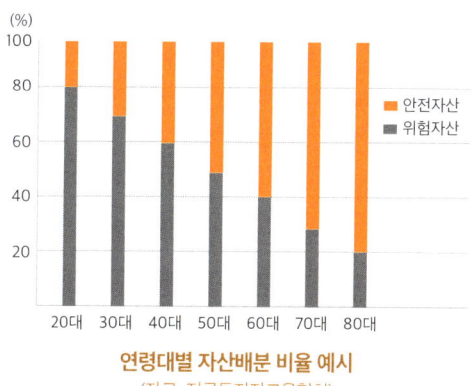

연령대별 자산배분 비율 예시
(자료: 전국투자자교육협회)

로 채운다. 이는 나이가 어릴수록 위험을 더 많이 감수할 수 있다는 생각을 전제로 한다. 이 방식으로 투자를 시작한다면 나이를 먹을수록 투자 포트폴리오 내에서 주식 등 위험자산의 비중을 서서히 줄여나가야 한다. 그 대신 국채, 예금 등 안전자산의 비중을 늘리면서 위험에 대한 노출을 낮춰준다.

7 대 3 법칙

안전자산과 위험자산을 7 대 3 비율로 나누는 방법이다. 70%의 안전자산이 든든하게 중심을 잡고 위험자산 30%로 공격적으로 투자하는 것이다. 예를 들어 1,000만 원의 종잣돈을 들고 있다면 70%인 700만 원은 정기예금으로 묶어놓고 30%인 300만 원만 주식에 투자한다.

자산과 지역 나누기

포트폴리오 내 자산을 자산군(주식형, 채권형, 유동성형 등)으로 나누거나 지역(한국, 글로벌, 선진국, 신흥국 등)으로 구분하는 등 투자할 자산과 지역을 결정하고 각각의 비중을 정하는 방식으로도 투자할 수 있다. 예를 들어 주식과 국채를 크게 5 대 5로 나눠서 투자하기로 하고, 주식을 살 때 한국 주식과 미국 주식을 다시 절반씩 나눠 투자하는 것이다. 1,000만 원을 투자한다면 500만 원으로 국채 ETF를 산 다음, 주식에 투입하기로 한 나머지 500만 원 중 250만 원으로 한국 주식을, 나머지 250만 원으로 미국 주식을 사는 식이다.

포트폴리오 투자를 할 때는 상관관계가 낮은 것끼리 짝을 지어야 위험 분산 효과가 크다. 한 쌍의 자산이 있으면 둘 중에 한쪽이 커질 때 다른 한쪽은 작아지는 관계라는 것이다.

위험자산과 안전자산을 한 쌍으로 묶는 방식이 일반적이다. 위험자산과 안전자산의 대표적인 조합은 주식과 채권(주로 국채)이다. 주식은 등락폭이 크고 원금 손실 가능성이 있는 위험자산이다. 채권은 고정이자를 받을 수 있는 안전자산이다. 만일 주식에서 손실이 발생하더라도 채권의 이자 수익을 통해 위험을 분산할 수 있다. 이와 비슷하게 상관관계가 낮은 조합으로 선진국 주식과 신흥국 주식, 성장주와 가치주 등을 들 수 있다.

포트폴리오는 재조정이 필수

　본인의 투자 성향을 파악하고 투자 목표를 설정한 후 적당한 포트폴리오를 만들어서 투자를 시작했다 해도, 포트폴리오는 마냥 내버려두어서는 안 된다. 시장은 계속 움직이기 때문에 처음에 만들어둔 포트폴리오 내의 자산 비중도 함께 변하기 마련이다. 따라서 시장 변화를 주시하고 그에 따라 포트폴리오 비중을 적절히 손질하며 관리해나가야 한다. 이와 같은 관리 행위를 포트폴리오 조정(리밸런싱)이라고 한다.

　포트폴리오 점검은 본인 성향에 따라 월, 분기, 반기, 1년 등 주기적으로 해주는 게 좋다. 리밸런싱을 너무 자주 할 필요는 없다. 빈번하게 대응하면 매매 비용 부담이 늘어날 뿐 아니라, 관리하는 입장에서도 피곤하기만 하다. 분기(3개월) 또는 반기(6개월)에 한 번씩 들여다보고 필요한 경우에만 조정하는 정도로도 충분하다.

　리밸런싱을 할 때는 포트폴리오 내 자산 비중을 살펴보고 그동안 많이 오른 자산은 줄이고, 저평가된 다른 자산을 사들인다. 예를 들어 주식과 채권을 1 대 1 비율로 투자를 시작했을 때, 시간이 지나 주식 가치가 많이 올라 주식과 채권 비중이 5 대 1의 비율로 변했다고 해보자. 이때는 주식을 일부 매도하고 채권을 더 사들여서 주식 비중을 낮추고 채권 비중을 높여줘야 한다. 이렇게 하면 비중이 커진 자산은 값이 많이 오른 상태이므로 팔아서 수익을 확정하고, 비중이 작은 자산은 값이 싼 상태이므로 바겐세일 가격에 사들이는 효과를 얻을 수 있다.

　주식만 놓고 볼 경우, 여러 종목을 보유한 상태에서 그중 일부가 매수할 때의 기대와 달리 상승할 가능성이 없어 보이면 그 부진한 종목을 매도하고 새로운 유망 종목을 매수하는 식으로 조정하는 것도 가능하다.

투자의 전설

⑦

레이 달리오
─올웨더 포트폴리오를 만든 헤지펀드의 대부

레이 달리오Ray Dalio는 헤지펀드 업계의 대부로 불린다. 그를 대표하는 전략이 있으니, 바로 '올웨더(4계절) 포트폴리오 전략'이다. 이 포트폴리오는 경제에 어떤 위기가 오든, 큰 활황기가 나타나든 무관하게 꾸준하게 수익을 올릴 수 있도록 자산을 구성한 것이 특징이다.

달리오는 1949년 미국 뉴욕에서 태어났다. 그는 12세라는 상당히 어린 나이에 투자를 시작했다. 골프장에서 캐디 아르바이트를 하던 달리오는 우연히 손님으로 온 월스트리트 투자자들의 이야기를 듣고 투자에 관심이 생겼다. 그는 골프장 아르바이트로 번 돈을 항공주에 투자해서 원금의 3배라는 높은 수익을 올렸다. 롱아일랜드 대학교(재무학)에서 공부한 달리오는 졸업 후 뉴욕증권거래소에 입사한다. 이때 하버드 경영대학원을 다니며 일과 학업을 병행했다. 이후 몇 군데 투자회사를 다니며 선물거래, 원자재 등에 대한 전문성까지 쌓았다.

이런 과정을 거쳐 달리오가 자신의 투자회사인 브리지워터 어소시에이츠를 세운 것은 1975년의 일이다. 회사를 키우던 과정에서 큰 위기도 겪었다.

1982~1987년 미국 시장 활황 시기에 머잖아 조정이 올 것으로 예측해 공매도를 했으나 손실 규모가 너무 커서 자칫 폐업에 이를 뻔한 것이다.

하지만 시간이 흐른 뒤 그는 다시 성공 가도로 복귀한다. 브리지워터는 2005년 세계 최대 헤지펀드로 자라난다. 2017년 기준 자산이 1,600억 달러에 달했다고 한다. 달리오는 72세가 된 2022년 10월 현역에서 은퇴를 선언했다. 지금도 그의 개인 자산은 상당한 수준이다. 2026년 2월 말 기준 153억 달러(약 22조 원)로 전 세계 부자 순위 185위다(포브스 집계).

달리오의 '올웨더 포트폴리오'는 어떤 방법으로 경제 상황과 무관하게 안정적으로 수익을 추구하는 것일까? 이 전략은 주식, 채권, 원자재 등 특성이 저마다 달라서 상관관계가 낮은 다양한 자산에 두루 분산해 투자하는 것이다.

올웨더 포트폴리오는 1970년부터 2022년까지 약 52년 동안 실제로 운영한 후의 투자 성과가 공개되어 있다. 이 기간 포트폴리오의 연평균 수익률은 9.2%로 나타났다. 분석 기간 중 손실이 가장 컸던 해는 2008년이었다. 최대 손실비율은 −13.1%였다. 당시는 글로벌 금융위기가 전 세계에 번져 금융시장이 엉망이 되었던 시기였다. 그해 미국 주식시장 대표 지수인 S&P 500의 상승률이 −37%였던 데 비하면 상당한 방어력을 자랑하는 포트폴리오인 셈이다.

일반인 투자자를 위한 올웨더 포트폴리오 비율

자산군	비중(%)	ETF(명칭)
미국 주식	30	SPY
미국 장기채권	40	TLT
미국 중기채권	15	IEF
금	7.5	GLD
원자재	7.5	DBC

전문가들은 올웨더 포트폴리오 전략에 대해 공격보다 방어에 특화된 전략이라고 설명한다. 대박을 내는 전략이 아니라 안정적으로 완만한 상승을 추구하는 투자자에게 어울린다는 이야기다.

일반인 투자자가 올웨더 전략을 시도해볼 방법은 없을까? 있다. 달리오가 공개한 올웨더 포트폴리오의 표준 투자 비중은 본문의 표와 같다. 1년에 한 번씩 달라진 비중을 기준에 맞춰 재조정해주면 된다.

빠른 승부 선호형 ① :
모멘텀 투자 방법

제2장에서 여러분에게 모멘텀 투자란 현재 가장 인기 있는 주식을 찾아서 최적의 투자 타이밍을 잡아 투자하는 방식이라고 이야기했다. 그런데 가장 인기 있는 주식과 최적의 투자 타이밍은 어떻게 찾을까?

대규모 거래량과 대형 호재에 주목하라

이를 이해하기 위해 알아야 할 모멘텀 투자의 중요한 특징이 있다. 바로 '대규모 거래량과 대형 호재를 추종하는 투자'라는 것이다.

주식이 인기가 많다는 것은 그 주식을 사고자 하는 수요가 많다는 뜻이다. 즉 돈을 더 주고서라도 그 주식을 갖고 싶어 하는 투자자

대구백화점 006370 코스피 ｜ ⓘ 2025.08.22 기준(KRX 장마감) 장시간 기업개요 ▾

6,640
전일대비 ▲830 +14.29%

| 전일 5,810 | 고가 6,670 (상한가 7,550) | 거래량 183,628 |
| 시가 5,840 | 저가 5,840 (하한가 4,070) | 거래대금 1,175 백만 |

선차트 1일 | 1주 | 3개월 | 1년 | 3년 | 5년 | 10년   봉차트 일봉 | 주봉 | 월봉

한국 거래소(KRX)
■5 ■20 ■60 ■120

최고 7,880 (06/09)

8,382
7,884
7,386
6,888
6,390
5,893
최저 5,630 (08/18) 5,395

거래량

05/28 06/10 06/19 06/30 07/09 07/18 07/29 08/07 08/19

주가 추이 그래프의 맨 아래에 나오는
막대는 거래량을 나타낸다. 막대가 길
수록 거래량이 많다는 뜻이다.

거래량을 보여주는 막대가 크게 치솟
았다. 이날 이 주식을 사고 싶다는 매
수 주문이 상당히 많았다는 의미다.

주가 추이 그래프에서 거래량 해석하는 법

가 많다 보니 주가는 계속 오르게 된다. 따라서 매수 주문이 많이 몰
린 주식을 찾아보면 그중에서 상승 가능성이 높은 주식이 숨어 있을
수 있다는 이야기다.

모멘텀 투자에서는 주가가 상승하면서 거래량이 크게 늘면 긍정
적이다. 반면에 주가가 하락하는데 거래량이 많다면 위험하다. 그
주식이 더 상승할 가능성이 없다고 보는 투자자들이 매도 주문을 많
이 했다는 뜻이기 때문이다.

위의 대구백화점 주가 추이 그림을 살펴보자. '대규모 거래량과
대형 호재'가 주가를 밀어 올린 전형적인 사례. 가장 마지막으로
거래가 이루어진 날은 2025년 8월 22일로, 주가가 14.29%나 급등해

주가 상승을 나타내는 빨간색 막대가 길어진 것을 볼 수 있다. 주가 그래프 아랫부분을 보면 거래량도 크게 확대된 것을 알 수 있다.

이날 대구백화점 주가는 왜 급등했을까? 바로 경영권 공개 매각을 추진한다는 뉴스가 대형 호재로 작용했기 때문이었다. 이 회사는 최근 몇 년 동안 적자를 이어가며 부진한 상태였다. 실적은 좋지 않았지만 매력적인 요소가 숨어 있었다. 바로 보유한 부동산 자산 가치가 무려 7,000억 원가량이지만 시가총액이 겨우 720억 원 정도에 불과하다는 점이다. 자산가치 대비 주가가 10% 정도밖에 되지 않아 대단히 저평가된 주식이었다. 이런 상황에서 경영권 매각을 적극적으로 추진한다는 소식이 나오자 수많은 투자자가 이를 대형 호재로 받아들이고 매수에 나선 것이다. 대개 부진한 기업에 새로운 대주주가 들어오면 실적 개선을 위해 구조조정 등을 통해 경영이 호전되는 경우가 많다. 이에 M&A(인수·합병) 이슈는 주가에 호재로 작용하는 경우가 많다.

거래량이 많은 주식은 어떻게 찾을까? 모든 증권사 거래 앱이나 포털 사이트 주식정보 페이지에서는 거래량 상위 주식과 주가 상승 및 하락 주식을 매일 실시간으로 집계해서 보여준다. 여기에 나오는 종목들을 하나씩 살펴보면서 투자해도 좋을지를 판단해야 한다. 거래량이 많은 종목이라면 상승하면서 대형 호재가 있는지를 알아보고, 주가가 급등한 주식이면 거꾸로 거래량이 많은지를 파악하는 식으로 '대규모 거래량과 대형 호재'가 세트로 나타나는지를 확인하면 된다.

그런데 주식시장에는 수천 개의 종목이 있다. 모든 종목의 개별 정보를 일일이 파악하기는 너무 어렵다. 그렇다면 범위를 넓혀서 인기 있는 산업이나 테마에 주목하는 방식도 있다. 예를 들어 2025년 상반기에 주가가 많이 오른 분야를 보면, △주주환원이 확대될 가능성이 높은 것으로 예상된 은행·증권·대기업 지주회사 △러시아-우크라이나 전쟁 등으로 인해 무기 판매가 늘어날 것으로 기대된 방위산업체 △대규모 수주 실적이 반영된 조선업 등이었다. 이렇게 특정 분야의 인기가 두드러지는 시기에는 해당 분야의 대표적인 주식들을 중심으로 투자하는 것도 훌륭한 모멘텀 투자 방법이다.

모멘텀 투자도 전문적으로 들어가면 엘리어트 파동이론 등 공부해야 할 지식이 적지 않다. 하지만 투자 초보자인 여러분은 굳이 그렇게 복잡한 지식까지 익히지 않아도 된다. 매일 나오는 뉴스를 열심히 읽고 인기 있는 산업과 주식이 무엇인지를 찾아보는 정도로도 충분히 모멘텀 투자를 할 수 있다.

모멘텀 투자에서 매도는 언제 할까?

인기 있는 주식을 잘 조사해서 비교적 초기에 잘 매수했다 하더라도 문제는 매도 시기다. 몇 달 이상 강세를 이어갈 만한 주식을 하루 만에 팔아버리면 곤란하기 때문이다. 그래서 모멘텀 투자를 할 때는 투자를 결정한 이유인 호재와 기업을 둘러싼 여건에 변함이 없다면 계속 보유하는 것이 좋다. 반면에 상황이 변해서 호재가 더 이상 추가적인 주가 상승 요인이 될 수 없다면 매도를 고민해야 한다.

참고로, 전문가들이 이야기하는 매도 시점은 △매수 시점의 모멘텀에 반하는 사실이 알려진 경우 △기술적 지표에서 모멘텀이 악화된 것이 확인된 경우 △모멘텀을 반영해 계산된 주식의 적정주가에 도달한 경우다.

투자 초보자인 여러분은 초기의 투자를 결정한 아이디어가 훼손되었는지 정도는 파악할 수 있을 것이다.

모멘텀 투자 시 유의점

모멘텀 투자에서 유념해야 할 것은 시장의 트렌드가 어느 날 갑자기 확 변할 수 있다는 점이다. 직장인이라면 회사 업무 중에 주가를 확인하며 바로바로 대처하기가 쉽지 않을 것이다. 따라서 하루 만에 식어버릴 트렌드보다는 몇 달 이상 이어질 수 있는 큰 흐름에 관심을 두도록 하자.

제시 리버모어
– 하루에 1.8조 원을 번 전설의 트레이더

제시 리버모어^{Jesse Livermore}는 투자자보다 트레이더라는 호칭이 더 어울리는 인물이다. 투자할 때의 동물적 감각이 워낙 탁월했기 때문이다. 그는 하루 만에 무려 1억 달러(요즘 가치로 환산하면 약 1조 8,000억 원)를 번 적도 있다. '베팅'하는 배짱과 감각이 그만큼 대단했다.

1877년에 태어난 리버모어는 15세 때부터 투자를 시작해 1940년 사망할 때까지 투자를 이어갔다. 30여 년의 투자 인생에서 그는 파산만 네 번 겪었다. 투기성 강한 거래를 선호했던 터라 성공했을 때 수익이 컸던 만큼 실패했을 때 입은 타격도 상당했다.

리버모어는 '추세 매매의 아버지' '기술적 분석의 아버지'라고 불린다. 하지만 그가 살아 있을 때 월스트리트가 그에게 붙인 별칭은 '월스트리트의 큰 곰'이었다. 그가 큰돈을 벌어들인 시기에 주식시장이 엄청나게 폭락했기 때문이다. 주식시장에서 하락을 상징하는 동물인 곰에서 따온 별명이었다.

리버모어는 미국 대공황 시기인 1929년 주식시장이 추락할 때 공매도(주식을 빌려서 먼저 팔고 나중에 해당 주식을 사서 갚는 매매 기법)를 활용해 1억 달러를 벌어들였다. 언론과 대중은 당시 주식시장 폭락을 리버모어가 일으킨 사태라고 오해하기도 했다.

리버모어가 대단한 점은 주가 추이 그래프, 거래량 등 참고할 데이터가 전혀 없던 시절에 뛰어난 투자 성과를 올렸다는 것이다. 그는 매일 주가 움직임을 손으로 일일이 기재해 표를 만들어서 추세를 파악했다.

제시 리버모어는 주도 업종의 1등 주도주 투자를 선호했다. 52주 신고가 종목도 늘 주시했다. 그는 시장, 업종, 종목이 어느 순간 크게 움직이기 시작하는 전환점 파악에 강했다. 오르는 주식에는 매수로, 하락하는 주식에는 공매도로 대응하며 어떤 상황에서도 수익을 추구했다.

속칭 '불타기'라고 하는 피라미딩pyramiding 매수 전략도 잘 썼다. 피라미딩은 투자 초반에 전체 투자 밑천 중 가장 큰 금액을 투입하고, 주가가 오를 때마다 매수하는 금액과 주식 수를 서서히 줄이며 매입하는 방식이다.

리버모어는 모멘텀 투자자였지만 의외로 재무 상태가 튼튼한 회사를 선호했다. 재무 상태가 나쁜 회사는 불황기에 타격을 크게 받아서 주가가 폭락하고, 폭락 후 회복도 느리다고 보았기 때문이다. 투자자금 가운데 일정한 비율은 반드시 현금으로 보유했다. 이렇게 해야 신규 투자 대상이 보일 때 바로 행동할 수 있다고 생각했다.

그는 10% 이상 손실이 나면 즉시 매도하는 게 중요하다고 봤다. 손절매(손실이 났을 때 더 큰 손실을 막기 위해 중간에 파는 행위)에도 신경을 썼던 것이다. 하지만 네 번의 파산을 겪은 것으로 보아 손절매를 통한 리스크 통제가 완벽하지는 못했던 것 같다.

생애의 마지막 순간은 불행했다. 1940년 네 번째 파산을 극복하는 데 실패한

63세의 리버모어는 권총으로 스스로 생을 정리했다. 리버모어의 파란만장한 인생은 소설 『어느 투자자의 회상』(에드윈 르페브르 지음)에 잘 묘사되어 있다. 리버모어가 자신의 투자 노하우를 담아 쓴 『주식 매매하는 법』이라는 책에는 그의 매매 원칙과 구체적인 투자 전략이 잘 담겨 있다.

윌리엄 오닐
– 최고의 주식을 매입할 최적의 시점을 찾은 투자 대가

제시 리버모어가 '기술적 분석의 시조'라면 윌리엄 오닐^{William O'Neil}은 제시 리버모어의 업그레이드형 투자자라고 볼 수 있다.

오닐은 1933년생으로, 1958년 대형 증권사 중 하나인 하이든 스톤 앤드 컴퍼니에서 주식거래 중개인으로 일하며 주식투자에 입문했다. 이곳에서 고수익을 낸 펀드의 비결을 연구하고 리버모어의 투자법도 공부하며 투자의 기본기를 쌓았다. 다양한 투자 방법을 열심히 연구한 오닐은 마침내 자신만의 투자 기법을 고안한다. 이것이 오늘날 윌리엄 오닐에게 명성을 안겨준 유명한 투자법인 '캔 슬림^{CAN SLIM}'이다.

캔 슬림 투자법의 특징은 기술적 분석(과거 주가나 거래량 등 주식시장에 나타난 과거 데이터를 기초로 미래 주가를 예측하는 방법)과 기본적 분석(주가는 시장의 수요와 공급에 따라 결정되지만, 내재가치와는 다를 수 있으며 주식의 진짜 내재가치 분석에 집중하는 투자법)을 결합한 것이다.

캔 슬림 투자법을 한마디로 요약하면 '최고의 주식을 최적의 시기에 산다'는 것이다. 오닐은 캔 슬림 기법을 활용해 1962년 10월부터 1964년 12월까지 단 26개월 만에 원금 5,000달러를 약 40배인 20만 달러로 불렸다. 이런 성과를 바탕으로 오닐은 30세라는 젊은 나이에 뉴욕 증권거래소의 최연소 회원이 되었다.

오닐은 캔 슬림 투자법을 『최고의 주식 최적의 타이밍』이라는 책을 통해 자세하게 공개했다. 캔 슬림은 이 투자방법의 알파벳 머리글자를 모아서 붙인 이름이다.

윌리엄 오닐의 캔 슬림 투자법

C (Current quarterly earnings)
= 주당 분기 순이익이 크고 빠르게 성장하는가?(전년 대비 최소 25% 이상)

A (Annual earnings)
= 최근 3년간 연간 순이익이 증가하는가?(전년 대비 25~50% 이상)

N (New product, management and highs)
= 신제품, 신경영, 신고가 기업을 적절한 시점에 매수하라.

S (Supply and Demand)
= 유통되는 주식 수가 적고, 자사주를 매입하고, 대주주 지분율이 높은 기업을 찾아라.

L (Leaders and laggards)
= 주도주를 매수하고, 소외주는 피하라.

I (Institution)
= 기관 투자자들이 최근에 사들이기 시작한 종목을 찾아라.

M (Market direction)
= 상승장일 때 투자하고 하락장은 피하라.

+ 손절매 기준 엄수: 수익률이 -7~8%면 즉시 매도하라.

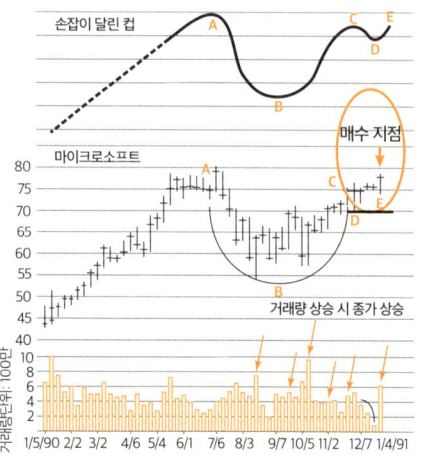

윌리엄 오닐이 '손잡이 달린 컵'이라고 부른, 상승 가능성 높은 주가 패턴. 매수할 시점이 컵의 바닥인 B가 아니라 오른쪽 손잡이인 E라는 점이 흥미롭다.
(자료: 윌리엄 J. 오닐, 『윌리엄 오닐의 이기는 투자』, 2022)

캔 슬림 투자법의 핵심은 이익 성장세가 강한 주도 업종의 주도주를 선별해 적절한 매수 시점을 찾아내는 것이다. 오닐은 적당한 매수 시점을 나타내는 주가 패턴을 몇 가지 찾아냈다. 대표적인 것으로 이른바 '손잡이 달린 컵', 이중바닥(알파벳 W와 비슷한 모양) 등이 있다.

오닐은 기술적 분석을 통한 적당한 매수 시점 찾기와 함께 순이익이 증가세인가, 사업이 혁신적인가, 성장하는 산업인가, 시장은 상승 분위기에 있는가, 기관 투자자가 주목하는 종목인가 등 다양한 투자 여건을 살펴봐야 한다는 점도 강조했다. 기술적 분석과 기본적 분석의 장점을 결합해 핵심을 추출한 투자 방법이라고 할 수 있다.

오닐의 캔 슬림 투자법은 선배 투자자인 제시 리버모어가 강조했던 '주도 업종의 주도주를 전환점에 맞춰서 매수하기'와 결이 같아 보인다. 하지만 오닐은

윌리엄 오닐의 투자 명언

- "좋은 주식이란 없다. 주가가 오르지 않으면 모두 나쁜 주식일 뿐이다."
- "큰돈을 벌기 위해서는 가장 우수한 기업을 적기에 매수해야 한다."
- "절대 시장과 싸우지 말라. 시장은 당신보다 훨씬 강력하다."
- "시장에서는 지불한 만큼 벌 수 있다. 싸구려 종목은 대개 그럴 만한 이유가 있어서 값이 싸다."

주도주를 찾기에 앞서서 최고의 주식부터 찾아야 한다고 강조한다.

두 사람의 차이는 또 있다. 리버모어는 상승 종목을 매수하고 하락 종목을 공매도하는 등 양방향 투자를 나란히 시행했으나 오닐은 공매도는 피하라고 했다. 공매도 투자는 상승하는 주식 매수에 비해 훨씬 어려운 투자 방법이라는 것이 이유였다.

오닐의 업적이 캔 슬림 기법을 활용한 투자 성과뿐이었다면 그는 제시 리버모어의 후계자인 유명한 트레이더로만 인식됐을 것이다. 하지만 오닐은 리버모어와 다른 길을 택한다. 투자 데이터 사업가의 길이 그것이다.

오닐은 1963년 상장기업 데이터를 가공해서 제공하는 세계 최초의 회사 '윌리엄 오닐 & 컴퍼니'를 세운다. 현재 전 세계 600곳 이상의 기관 투자자가 이 회사를 이용하고 있다. 1984년에는 이 데이터를 활용하는 투자 전문 미디어 『인베스터스 비즈니스 데일리』를 창간했다. 투자업계에 큰 족적을 남긴 오닐은 2023년 5월 향년 90세로 타계했다.

06

빠른 승부 선호형 ②: 공모주 투자 방법

우리는 '주식 투자'라고 하면 대개 주식시장에서 현재 거래되는 주식에 매수 주문을 내고 사는 방법을 떠올린다. 하지만 상장을 앞둔 기업의 주식을 미리 사서 투자하는 방법도 있다. 이를 공모주 투자라고 한다. 여기서 '공모'는 기업이 투자금을 공개적으로 모집한다는 뜻이다. 기업이 주식시장에서 처음으로 사업자금을 유치하는 과정에서 투자자들이 일정 수량의 주식을 미리 살 수 있는 기회를 얻는 것이다. 이 과정을 IPO Initial Public Offering(기업공개)라고 한다.

시장에서 주목받는 공모주가 상장하면 주가가 바로 급등하기도 한다. 이 때문에 단기 수익을 노리는 투자자들이 공모주에 관심을 두는 경우가 많다.

공모주 투자 방법

공모주 투자 절차

계좌 개설 → 청약 일정 확인 → 수요 예측 · 경쟁률 확인 → 공모주 청약 진행 → 공모주 배정 · 환불 → 공모주 상장 · 매도

계좌 개설

우리가 새로 짓는 아파트를 사려면 청약통장을 만들고 청약을 신청해서 당첨되는 과정을 거쳐야 한다. 공모주 투자도 이와 비슷한 과정을 거친다.

일반적인 주식 매매에서는 아무 증권사든 거래용 계좌만 있으면 원하는 주식을 쉽게 살 수 있지만, 공모주는 특정 증권사 계좌가 필요하다. 공모하는 기업이 수십 곳의 증권사 중에서 적당한 증권사를 선택해 계약을 맺고 상장 절차를 진행하기 때문이다. 따라서 투자자는 여러 공모주 가운데 투자하고 싶은 기업이 있으면 그 기업의 공모주 청약을 담당하는 증권사가 어디인지 확인한 후 해당 증권사 계좌를 통해 공모주 청약을 신청해야 한다. 평소 거래하던 증권사가 아니라면 계좌를 새로 만들어야 한다는 뜻이다.

규모가 큰 기업을 상장할 때는 공모를 주관하는 증권사가 두세 곳인 경우가 있다. 이럴 때는 청약 당첨 확률을 높이기 위해 해당 증권사 모두에 청약하는 게 좋다. 요즘에는 금융거래 사고 위험을 고

려해 증권사 계좌를 하나 만든 후 추가로 계좌를 더 만들려면 한 달 정도 지나야 한다. 따라서 공모주 투자에 관심이 있다면 평소에 대형 증권사 여러 곳에 미리 계좌를 만들어 두자. 참고로 2025년 상반기에 IPO를 많이 주관한 증권사를 순서대로 보면, 미래에셋증권, KB증권, 대신증권, 삼성증권, 한국투자증권이었다.

카카오뱅크, 토스뱅크, 케이뱅크 등 인터넷 전문은행은 고객 편의 차원에서 다수의 증권사 계좌 개설 서비스를 제공한다. 이를 활용하면 하루에 여러 곳의 증권사 계좌를 만들 수 있다. 웬만한 대형 증권사 계좌는 개설이 가능하므로, 중복되지 않게 개설을 시도하면 최대의 효과를 얻을 수 있다. 이 밖에 여러 오프라인 은행 지점에서도 제휴한 증권사 몇 곳의 계좌를 만들 수 있다.

공모주 청약 일정 확인

공모주 청약 일정은 네이버, 다음 등 포털사이트 검색창에서 '공모주'라고 검색하면 쉽게 확인할 수 있다. 종목명, 공모가격, 상장 단계, 주관사, 청약 종료일 등의 정보가 나타난다.

여기서 확인한 공모 예정 기업들의 정보를 살펴보고 마음에 드는 기업의 공모에 청약하면 된다. 공모 예정 기업의 정보는 '금융감독원 전자공시시스템'에서 기업명을 검색한 후 '증권신고서'에서 확인할 수 있다.

전자공시시스템에서 회사명을 검색하면 누구나 '증권신고서(지분증권)'를 볼 수 있다.

수요 예측 · 경쟁률 확인

공모주는 상장하기 전에 기관투자자를 대상으로 '수요 예측'을 한다. 얼마면 이 주식을 사겠느냐고 의향을 묻는 것이다. 경매 비슷한 과정이라서 인기가 높은 주식이면 가격이 높게 형성된다. 반면에 무난한 주식이라면 기업 가치 수준에서 적당한 가격이 매겨진다. 수요 예측 후에는 경쟁률이 얼마라는 뉴스가 나온다. 1,000대 1이라고 하면 그 회사 주식 1주를 1,000개 회사가 신청했다는 뜻이다. 이는 상당히 인기가 높은 경우다.

경쟁률 외에도 확정 공모가가 희망 공모가 범위(희망 밴드)의 상단에 있느냐 하단에 있느냐도 봐야 한다. 상장 예정 기업이 주식 공모가격을 '8,000~1만 원'으로 희망한다고 가정해보자. 수요 예측에서 인기가 높으면 희망가격 상단인 1만 원에 공모가가 정해질 수 있지만, 인기가 없다면 희망가격 하단인 8,000원 가까이에서 공모가격이 정해질 것이다. 가끔 수요 예측 후 공모가격이 너무 낮게 나오면 상장 예정 기업이 상장을 포기하는 경우도 있다. 나중에 회사 가치가 더 좋아졌을 때 다시 상장을 시도해서 더 많은 금액을 조달하기 위한 조치다.

아무튼 상장 후 주가가 상승하려면 인기 없는 주식보다는 인기가 높은 주식이 낫다. 수요 예측 경쟁률이 높고, 공모가가 희망 밴드 상단에 가깝게 확정됐다면 괜찮은 공모주 투자 대상일 가능성이 높다.

공모주 청약 진행

증권사 앱의 청약 신청 메뉴에 들어가서 공모가액, 최소 청약 단위, 최소 청약 증거금, 수수료, 환불일, 상장 예정일 등 정보를 살펴보고 원하는 주식 수량을 신청하면 된다. 청약 가능 시간은 대체로 오전 8시부터 오후 4시까지이다. 어차피 청약할 거라면 여유 있게 일찍 하는 것이 좋다. 마감 시간에 임박해서 청약하려다가 전산 오류가 발생하면 낭패를 볼 수 있다. 실제로 인기 많은 주식은 신청자가 몰려서 접속하기 힘든 경우가 종종 발생한다.

공모주에 청약할 때는 증거금이 필요하다. 배정받은 주식값을 치를 돈이 있는지 증권사에 보여주는 것이다. 증거금 비율(=증거금률)은 대개 50%다. 한 주에 1만 원짜리 주식을 100주 사고 싶다면 50만 원(=1만 원×100주×50%)이 증권사 계좌에 들어 있어야 한다는 이야기다.

청약 단위는 50주, 100주, 200주 등으로 미리 정해지는 경우가 많다. 최소 청약 단위가 50주라면 50주부터 신청할 수 있다. 또 최대 청약 한도가 10만 주라면 내가 15만 주를 살 수 있는 돈이 있어도 신청할 수 없다. 증권사들은 고객별 우대 조건에 따라 100~300% 정도 청약을 더 받아준다. 증권사별 본인의 우대 조건을 미리 확인해서 대응하는 것도 요령이다. 보통은 계좌 내 3개월 평균 예치금이 몇백만~몇천만 원 이상이거나, 급여를 이체하고 있을 때 우대해주는 경우가 많다.

공모주 배정·환불

만일 인기가 높은 주식이라면 내가 신청한 주식을 다 받기 어렵다. 그래서 청약을 신청한 투자자들에게 주식을 나누는 방법이 법으로 정해져 있다. 청약한 수량에서 배정 물량의 50% 이상은 균등 배정 방식으로 나누고, 나머지는 비례 배정으로 나눈다. 따라서 청약 신청자가 많을수록 배정받는 주식 수가 줄어든다. 이때 증권사별 계좌주 1인이 배정 기준이다. 따라서 한 종목을 여러 증권사에서 나누어 공모를 주관하는 경우라면 해당 증권사에 모두 청약을 신청해야 주식을 더 많이 받을 수 있다.

일반적으로 청약 마감일 이틀 후 증권사 앱이나 홈페이지에 로그

인해 청약 내역 화면에서 배정 및 환불 내역을 확인할 수 있다. 만약 인기가 많은 주식이라 내가 원한 만큼 주식을 못 받았다면 증권사에 주식값을 치르고 증거금이 남는데, 이 돈은 본인 계좌에 자동으로 환불되어 들어온다.

공모주 상장·매도

상장 당일이 되면 아침 9시 주식시장 개장 시간에 맞춰 거래가 시작된다. 배정받은 공모주는 바로 거래할 수 있다. 투자자의 판단에 따라 상장 후 급등하면 바로 매도해서 수익을 확정할 수도 있다. 만일 앞으로 더 상승할 가능성이 높다고 생각한다면 계속 보유하거나, 더 매수해도 된다.

공모주 투자 시 유의점

공모주 투자의 장점은 잘 고른 주식은 상장 당일에 가격이 급등하면 바로 팔아 단 하루 만에도 고수익을 올릴 수 있다는 것이다. 또 비교적 저위험 투자에 속한다. 공모가격은 과도하게 고평가될 가능성이 크지 않기 때문이다. 상장기업은 받을 수 있는 한 최고로 높은 가격으로 주가가 형성되기를 바랄 것이다. 하지만 공모가격은 기관투자자들의 수요 예측을 거쳐 정해지기 때문에 어느 정도 현실적인 가격이라고 볼 수 있다.

단점도 있다. 공모주가 무조건 상승하지는 않기 때문이다. 기업 가치가 너무 높게 평가된 경우에는 상장 당일에 주가가 급락할 수도 있다. 특히 기업이 상장을 추진하는 이유를 잘 생각해볼 필요가 있다. 기업은 신주를 발행해 새로 투자자금을 유치하기 좋은 시기에 상장을 추진한다. 투자금을 최대한 많이 받을 수 있는 시기를 고른 다는 뜻이다. 따라서 회사가 제일 잘나갈 때 상장한 후 추가로 성장하는 모습을 보여주지 못하는 기업은 주가가 신통치 않을 가능성이 있다고 봐야 한다. 공모주 투자도 엄연한 주식 투자이므로 투자자는 기업의 향후 전망을 잘 판단해야 한다.

그러면 인기가 높은 공모주만 골라서 투자하면 되지 않나 싶을 텐데, 이것도 쉽지만은 않다. 그런 공모주에는 많은 사람이 청약에 뛰어들기 때문에 경쟁률이 치열해서 배정받는 주식 수량이 몇 주뿐인 경우가 흔하다. 인기 공모주에 청약해 1만 원짜리 1주를 간신히 받았다면 상장 당일에 주가가 급등해도 청약 과정의 노고에 비해 얻는 수익이 미미할 것이다. 가성비가 충분할지도 고민할 부분이다.

한편, 개별 공모주 투자가 번거로워 망설여진다면 공모주 펀드(ETF 포함)에 투자하는 것도 대안이 될 수 있다. 펀드 매니저가 엄선해 공모주를 고르며, 여러 공모주에 나눠 투자하므로 분산투자 효과가 있다. 또 기관투자자이므로 공모주 펀드는 인기 공모주도 개인에 비해 많이 배정받을 수 있다. 단, 공모주 펀드도 펀드이므로 운용 수

수료 등 비용이 들어가며, 일반 펀드에 비해 공모주들을 주로 담다
보니 주가 변동성이 비교적 높다는 점을 감안하자.

07

저비용 및 시장 평균 수익률 추구형 : 인덱스 투자 방법

인덱스 투자는 주식시장이 상승하는 만큼 수익률을 내는 것을 목표로 하는 투자 방법이다. 코스피 지수, S&P 500 지수 등 특정 주가 지수의 움직임을 따라가는 인덱스 펀드를 매수하면 된다.

인덱스index는 우리말로 '지수'라고 한다. 지수는 물가, 임금, 주가 등 계속 변화하는 어떤 사항에 대해 우리가 이해하기 쉽도록 특정 연도의 수량을 기준으로 삼아 100으로 설정하고, 이후 다른 연도의 해당 수량을 비율로 나타낸 수치다. 예를 들어 코스피 지수가 3,000을 기록했다면 기준이 되는 과거 어느 시점에 100으로 출발해 현재는 처음보다 30배가 상승했다는 뜻이다.

코스피 지수는 한국거래소의 대형 우량종목들이 모여 있는 유가 증권시장 주식들로 이루어진 지수다. 주가 지수의 종류는 한국의 코스피 지수, 미국의 S&P 500처럼 특정 주식시장 전체를 나타내는 지수뿐 아니라 반도체 지수, 증권업 지수와 같은 특정 산업군의 주식으로 이루어진 섹터 지수, 특정 그룹 계열사 주식들을 모아놓은 그룹주 지수 등 다양하게 존재한다.

인덱스 투자의 장점

인덱스 펀드는 운용 방식이 단순한 데다 이해하기 쉽고 저렴하다. 초보 투자자가 작은 금액으로 접근하기에 부담이 없다.

쉽다

인덱스 펀드는 시장을 따라간다. 원리가 단순하고 쉽다. 투자 난이도가 낮다는 이야기다. 인덱스 펀드는 추종하는 지수를 이루는 종목들의 구성과 비중이 거의 비슷하거나 똑같이 운용하며 그 구성 내용도 쉽게 찾아볼 수 있다. 글로벌 분산 투자도 인덱스 펀드를 이용하면 손쉽게 할 수 있다. 전 세계 주식시장에 골고루 투자하는 미국 MSCI 지수나 영국 FTSE 지수를 추종하는 인덱스 펀드에 가입하기만 된다. 복잡한 주식 분석을 할 줄 몰라도 주식시장이 강세인지 약세인지 정도만 파악할 수 있으면 투자하기 어렵지 않다.

분산투자에 따른 저위험

인덱스 펀드는 그 자체가 분산투자를 구현한 결과물이다. 여러 종목을 담고 있기 때문에 개별 기업 한 곳에만 투자할 때에 비해 변동성과 투자 위험을 크게 낮출 수 있다.

저렴한 비용

인덱스 펀드는 액티브 펀드에 비해 운용비용이 아주 저렴하다. 일반적인 액티브 주식형 펀드의 운용보수는 연 1% 내외이고, 인덱스 펀드의 운용보수는 연 0.3~0.6% 정도다. 인덱스 펀드를 주식시장에 상장해 거래하는 상장지수펀드(ETF)는 연간 운용보수가 0.1~0.3% 정도로 더 저렴하다. 이는 운용 방식이 단순하기 때문이다.

지수 대비 초과 수익을 목표로 하는 액티브 펀드는 펀드 매니저가 여러 종목을 자세히 분석해서 투자 대상을 골라야 하고, 매매도 자주 하기 때문에 비용 부담이 비교적 높다. 하지만 인덱스 펀드는 지수를 기계적으로 따라가기만 하므로 종목 분석을 따로 할 필요가 없다. 추종하는 지수의 구성 종목 비중이 바뀔 때 그에 맞춰 소규모로 매매하기만 하면 된다. 그만큼 주식 매매를 자주 할 필요가 없으므로 매매 비용도 적게 들어간다. 따라서 투자자가 부담해야 할 수수료 비용이 낮을 수밖에 없다.

양호한 수익률

인덱스 펀드는 크게 공을 들이지 않고 단순히 시장 평균 수익률만을 추구하나 의외로 전문가가 운용하는 액티브 펀드보다 장기적으로 수익률이 더 높은 경우가 많다. 이와 관련한 유명한 대결 사례가 있다.

투자의 귀재 워런 버핏 버크셔 해서웨이 회장은 2007년 말에 프로티지파트너스라는 자산운용사와 향후 10년 동안 인덱스 펀드와 액티브 펀드의 수익률 대결에 나섰다. 양측은 동일한 금액을 나누어 투자하되, 버핏은 S&P 500 지수를 추종하는 인덱스 펀드에, 프로티지파트너스는 5개의 액티브 펀드에 투자했다. 10년이 지난 2017년 말 양측의 수익률을 확인한 결과, 버핏의 인덱스 펀드가 승리했다. 해당 기간 인덱스 펀드의 연평균 수익률은 7.1%였지만, 프로티지파트너스의 액티브 펀드 연평균 수익률은 2.2%에 그쳤다.

버핏은 우량한 기업을 분석해서 투자하는 위대한 투자자이지만 인덱스 펀드를 높이 평가한다. 그는 자신의 유산 중 10%는 국채 매입에, 나머지 90%는 모두 S&P 500 인덱스 펀드에 투자하라고 유서에 명시했음을 2013년 버크셔 주주총회에서 공개한 바 있다.

인덱스 펀드의 단점

시장 하락 시 손실 회피 어려움

인덱스 펀드는 주식시장 움직임을 그대로 반영하므로 시장 전체가 하락할 경우에는 인덱스 펀드도 함께 떨어질 수밖에 없다.

개별 종목의 급등 효과 미미

인덱스 펀드는 추종하는 지수에 포함된 기업의 주식을 다양하게 담고 있기 때문에 특정 기업의 주가가 급등하더라도 전체 지수에 미치는 영향은 미미하다(이는 특정 종목이 급락할 때 미치는 영향도 작다는 뜻이므로 덜 위험하다는 의미이기도 하다). 인덱스 펀드는 오르더라도 야금야금 천천히 움직이므로 공격적 성향의 투자자는 답답하게 느낄 수 있다.

단기 투자에 부적합

인덱스 펀드는 빠르게 등락하지 않는 만큼 자주 사고파는 단기 투자로 수익을 올리기는 어렵다.

효과적인 인덱스 투자 전략

인덱스 투자를 할 때 거치식으로 큰 금액을 투자한 후 내버려두는 것은 그다지 좋은 방법이 아니다. 인덱스 투자는 장기 투자와 적립식 투자를 병행해야 복리 효과를 극대화할 수 있기 때문이다.

몇 년 이상 지속하면서 중간중간 추종하는 지수가 많이 하락할 때마다 추가 매수해 평균 매입 단가를 낮추는 전략을 활용해야 한다. 이렇게 하면 시간이 지나 하락했던 지수가 반등했을 때, 그냥 내버려둔 경우보다 상승 폭이 훨씬 커진다. 인덱스 투자에는 시장의 일시적 하락에 흔들리지 않는 장기적인 투자 마인드가 반드시 필요하다.

제6장

미국 주식

01

미국 증시의 특징

예전에 비해 미국 주식에 대한 관심이 많이 높아졌다. 관심사로만 머물지 않고 미국 주식에 실제로 투자하는 '서학 개미'가 늘어나면서 국내 증권사들도 앞다투어 미국 주식 거래 서비스를 제공하고 있다. 어지간한 대형 증권사를 거치면 누구나 쉽게 미국 주식 거래를 할 수 있는 시대다.

하지만 여러분은 아직 초보 투자자다. 미국 주식 투자가 생소할 것이라는 전제하에 미국 주식을 소개하고자 한다. 미국 주식에 꼭 투자해야 한다는 이야기가 아니라, 많은 사람이 관심을 갖는 미국 주식에 대한 궁금증을 해소하고, 혹시 투자하고 싶은 독자가 있다면 도움이 될 만한 사항을 다룬다.

영어를 잘 못해도 미국 주식에 투자할 수 있다. 요즘은 국내 증권사도 주요 미국 상장사에 대한 분석 보고서를 내고 있고, 영어로 된 미국 현지 정보도 번역 앱이나 포털 사이트 자동 번역 기능을 통해 쉽게 읽을 수 있다.

어느 나라 주식이든 간에 우량한 주식은 기업의 사업성이 유망하고 경영을 잘하기 마련이다. 투자자는 기업 실적, 경영진 능력, 주주 친화도, 저평가 여부 등을 분석할 수 있으면 된다.

가장 선진화된 증시

미국은 전 세계 주식 시장에서 차지하는 비중이 가장 크다. 전 세계 증시 시가총액의 약 63%가 미국 주식시장이다. 현대 사회는 대부분 자본주의로 움직이는데, 미국은 그중에서도 가장 발전한 자본주의가 돌아가는 국가다. 세계 1위 경제력을 자랑하는 국가이며 주식시장 시스템도 가장 선진화되어 있다. 세계를 주도하는 주요 기업 중에는 미국 기업이 많고, 다른 나라 기업들도 미국 증시에 상장해서 거래되는 경우가 흔하다. 특히 미국 대기업들은 매출액의 40%가 해외에서 발생해 투자 시 글로벌 분산 투자 효과를 얻을 수 있다.

주주 친화적인 증시

미국 기업은 주주보다 이른바 '오너'라고 하는 최대주주 입장을 더 신경 쓰는 우리나라 상장기업들과는 문화 자체가 다르다. 대단히 주주 친화적이다. 배당이 넉넉하고 자사주 매입이 활발하며 매 분기 발표하는 실적 전망치(가이던스)의 신뢰도가 높다. 미국 기업은 실적 전망을 보수적으로 산정하기 때문에 신뢰도가 높다고 한다. 목표 초과 달성이 흔히 나타난다. 배당 규모도 비교 불가다. 우리나라 상장사들은 이익의 17~18%를 주주에게 배당하지만 미국 상장사들은 약 40%를 배당한다. 미국 기업은 자사주 매입도 열심히 한다. 주식 가치를 올리는 데 신경을 많이 쓰는 것이 기본적인 미국 증시 문화이기 때문이다.

실적과 주가의 높은 상관관계

미국 주식은 실적이 잘 나오면 주가가 뛰고 실적이 나쁘면 하락한다. 당연한 것 아니냐 싶겠지만, 우리나라 증시에서는 실적과 무관하게 주가가 움직이는 경우가 종종 나타난다. 국내 주식 투자자는 크고 작은 뉴스에 관심을 기울여야 하는 수고가 더 필요하다는 뜻이다. 하지만 미국 주식은 거의 실적에 따라 움직인다.

엄격한 주식시장 관리 체계

우리나라 증시에서는 잊을 만하면 작전 세력이 주가를 조작했다는 뉴스가 나온다. 관련 범죄자들이 구속되고 유죄를 선고받아도 형량이 몇 년에 불과해 솜방망이 처벌을 받는 경우도 많다. 하지만 미국은 내부자 거래 등 증시의 불공정 거래는 화이트칼라 범죄 가운데 가장 죄질이 나쁘다고 여겨 형량이 높다고 한다. 금융당국과 법체계상 비교적 사고 위험이 드문, 상당히 안전한 증시라는 이야기다. 우리나라 증시는 생긴 지 이제 70년에 불과하지만 미국 증시는 150년이 넘었다. 그만큼 시행착오를 거쳐 잘 정비되었다고 볼 수 있다.

증권사 분석의 높은 신뢰도

우리나라 증권사의 기업 분석 보고서는 거의 '매수' 의견이다. '중립'이나 '매도' 의견을 내면 고객이나 해당 상장기업으로부터 심한 항의를 받곤 한다. 애널리스트의 소신 있는 의견보다는 무조건 주가 상승에 유리한 정보를 원하는 분위기 때문이다. 하지만 미국 증권사들은 '매도' 의견을 심심치 않게 낸다. 눈치 보지 않고 소신껏 투자 의견을 내는 문화가 자리 잡았다.

02

미국 주식 투자 시 유의사항

　미국 주식시장은 어쨌든 다른 나라 시장이므로 우리나라 주식시장에서 투자할 때와는 여건이 다르다. 몇 가지 중요한 유의사항을 짚고 간다.

한국과 미국의 시차와 거래 시간

　미국은 우리나라와 밤낮이 다르다. 주식 거래 시간도 다르다. 2025년 9월 현재 한국에서 미국 주식을 매매하려면 한국 시간 기준 밤 10시 30분~익일 오전 5시(서머타임 적용 시 밤 9시 30분~익일 오전 4시)에 거래할 수 있다.

　일부 증권사는 주간 거래 서비스를 제공한다. 한국 시간 오전 10

시~오후 6시에 가능하다. 미국의 대체거래소 '블루오션(BOATs)'을 통해 제공한다. 어차피 한국에서 낮에 미국 주식을 거래할 수 있으면 굳이 밤에 열리는 미국 정규장은 이용할 필요가 없지 않느냐고 생각할 수 있다. 그런데 꼭 그렇진 않다. 한국에서 주간에 거래할 수는 있지만, 미국 사람 대다수가 쿨쿨 자는 시간이라서 그만큼 거래량이 적을 수밖에 없다. 거래량이 적으면 내가 원하는 가격에 사고팔기 어렵다. 여러 차례 분할 매수하는 장기 투자자라면 큰 문제가 아니겠지만, 단타를 생각하는 투자자라면 밤 시간 정규장을 노려야 한다.

참고로, 2026년 하반기부터는 미국 나스닥(기술주 중심 주식시장)이 24시간 거래에 들어갈 전망이다. 미국 내 서비스 시간이 이렇게 바뀌면 한국 투자자의 편의가 한층 높아질 것이다.

시세 이용료 부담

주식에 투자하려면 개별 종목의 주가를 살펴봐야 한다. 대다수 증권사 앱은 15~20분쯤 지연된 시세를 무료로 보여주는데, 실시간으로 확인하려면 유료 서비스에 가입해서 돈을 내야 한다. 이를 시세 이용료라고 하는데, 금액은 증권사마다 다르지만 대략 월 1~3달러 정도다. 증권사들은 가입 초기에 일정 기간 시세 이용료를 무료로 제공하는 경우가 많다. 가끔 해외주식 고객을 새로 확보하려는 증권사가 1년쯤 장기간 시세 이용료를 무료로 제공한다며 이벤트를 벌이기도 한다. 단기간 빠르게 매매하는 투자자라면 실시간 시세 정보가 필요하겠지만 장기 투자자라면 지연된 시세를 보아도 큰 문제는 없다.

환율 변동 리스크

미국 주식은 달러로 거래한다. 따라서 원화를 환전해서 투자해야 하는 한국인 투자자는 원/달러 환율을 감안해 투자해야 한다. 환율에 따라 환차익 또는 환차손이 발생할 수 있기 때문이다. 매수한 종목의 주가가 껑충 뛰었어도 원/달러 환율이 내리면 원화로 환산한 수익이 달러 기준일 때보다 작을 수 있다는 이야기다. 물론 거꾸로 원/달러 환율이 오르는 시기에는 원화 환산 수익을 더 크게 얻을 수 있다.

여기에다 원화를 달러로 환전할 때 환전 수수료가 붙는 것도 고려할 사항이다. 환전 수수료는 증권사마다 다르다.

국내 주식 거래보다 높은 매매 수수료

　미국 주식을 거래할 때 투자자가 내는 수수료는 국내 주식을 거래할 때에 비해 높다. 유통과정이 더 복잡하기 때문이다. 한국에서 국내 증권사를 통해 주문을 내면 이를 미국 현지 증권사가 받아서 다시 미국 주식시장에 주문을 내고 그 결과를 다시 국내 증권사로 넘기는 과정이 추가된다.

　투자자가 주식을 매매할 때는 증권사에 거래 수수료를 내야 한다. 국내에서는 이 수수료가 대체로 거래금액의 약 0.015%로 아주 적다. 하지만 미국 증권사의 거래 수수료는 약 0.25%로 한국 대비 16배가 넘는다. 1,000만 원어치 주식을 거래하면 한국 주식 거래 수수료는 약 1,500원이지만 미국 주식 거래 수수료는 2만 5,000원이라는 뜻이다. 따라서 미국 주식은 자주 사고파는 방식으로 투자하기에는 적합하지 않다.

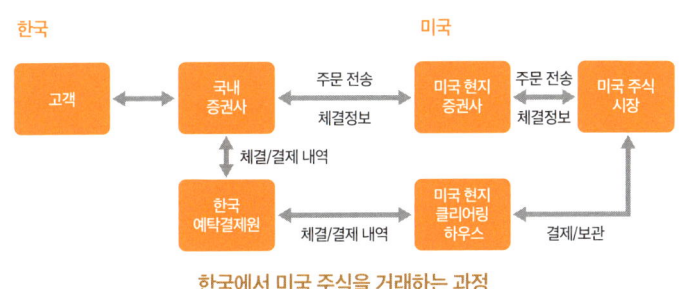

한국에서 미국 주식을 거래하는 과정

주식 거래를 할 때는 증권사에 내는 거래 수수료 외에 유관기관 (한국예탁결제원)에도 수수료를 낸다(대개 거래금액의 0.08%). 미국에서도 한국의 예탁결제원 비슷한 기관에 수수료를 지불해야 한다.

양도소득세 부담

국내 주식은 팔아서 차익을 얻어도 세금이 없다. 그 대신 거래할 때마다 거래세를 낸다(거래금액의 0.3%).

하지만 미국 주식으로 연간 250만 원을 초과한 수익(매매차익)을 올리면 우리 정부에 22%의 양도소득세를 내야 한다. 매년 1년치(1월 1일~12월 31일) 수익을 계산해서 이듬해 5월에 종합소득세 신고 기간에 납부한다.

세율 차이가 커서 양도소득세가 더 무섭게 느껴질 수 있겠으나 꼭 그렇게만 생각할 일은 아니다. 거래세는 투자자가 손실을 봐도 무조건 내야 하지만, 양도소득세는 이익을 올렸을 경우에만 내므로 오히려 합리적이다.

03

국내 상장 해외 ETF 활용하기

    미국 주식에 쉽게 투자할 수 있는 가장 쉬운 방법이 있다. 다양한 미국 지수에 투자하는 국내 상장 ETF를 사면 된다. 한국 주식과 ETF를 사듯이 본인 주식계좌에서 원하는 ETF를 골라 매수하면 된다.

    미국 증시의 대표적인 지수 S&P 500이나 나스닥에 투자하려면 KODEX 미국S&P500, KODEX 미국나스닥100, TIGER 미국 S&P500, TIGER 미국나스닥100 등을 살펴보자. 미국 배당주를 찾는다면 ACE 미국배당다우존스, SOL 미국배당다우존스, TIGER 미국배당다우존스 등을 알아보자.

국내 상장 해외 ETF 투자 시 유의할 점

첫째는 세금이다. 국내 주식·ETF는 매매 차익에 세금이 없다. 하지만 국내 상장 해외 ETF는 매매 차익과 분배금을 모두 배당소득세로 간주하고 세금을 물린다(세율 15.4%). 우리 세법에서는 연간 금융소득(배당+이자)이 2000만 원을 초과하면 금융소득종합과세 대상자가 되어 높은 세금을 부담해야 한다. 따라서 관련 세금을 줄이려면 세금 혜택이 큰 ISA 계좌에서 매수하는 게 좋다. ISA 계좌는 연간 이자와 배당 소득 200만 원 이하까지는 세금이 없다.

둘째는 실시간 투자가 아니라는 점이다. 우리가 매수 주문을 내면 그에 따라 자산운용사가 미국 시장에 매수 주문을 낸다. 하루이틀 정도의 시차가 있다는 뜻이다.

셋째는 환율 문제다. 엄연히 미국 증시에 투자하는 것이므로 원/달러 환율 변동의 영향을 받는다. 따라서 투자에 앞서 환율 추이를 살펴봐야 한다. 만약 환율 변동의 위험을 헷지(회피)라고 싶다면 KODEX 미국S&P500(H)와 같이 ETF 명칭 맨 뒤에 '(H)'가 붙어 있는 것을 사면 된다. 해당 ETF가 환율 변동에 따른 위험을 헷지했다는 뜻이다. 이 표시가 없는 ETF는 환율 변동을 반영한다.

제7장

투자 지식
업그레이드

투자자가 뉴스 읽는 법

많은 사람이 거의 매일 습관적으로 지나치듯 뉴스를 본다. 하지만 투자자는 뉴스를 다르게 읽어야 한다. 흔하디 흔한 뉴스 한 줄에서 투자 아이디어를 길어 올려야 한다. 혹은 현재 보유한 주식을 더 사들일지 아니면 서둘러 팔아치울지를 결정하는 데 중요한 힌트를 얻어야 한다.

투자 관련 뉴스는 '이 세상 모든 소식'

'투자 관련 뉴스'라고 하면 흔히 경제, 금융, 주식, 부동산 등에 대한 뉴스가 떠오를 것이다. 틀린 건 아니지만, 사실 투자 관련 뉴스가 따로 있는 것은 아니다. 이 세상의 모든 소식이 다 투자 관련 뉴스다.

예를 들어 정권이 교체되었다거나 정부가 어떤 정책을 내놓았다는 정치 뉴스부터 러시아-우크라이나 전쟁, 미국 대통령 선거 같은 해외 소식에 이르기까지 모든 뉴스가 투자자에게는 중요하다.

예를 들어보자. 2024년 12월 윤석열 대통령이 계엄을 선포하며 내란을 일으켰다가 취임 3년 만에 탄핵을 당했다. 이 과정에서 극심한 정치적·사회적 혼란이 이어지며 우리나라 경제도 곤두박질쳤다. 계엄 직후 우리나라 주식시장은 추락했고 원/달러 환율이 치솟았다. 이후 2025년 6월 이재명 후보가 대통령으로 당선됐다. 새 정부 탄생 후 혼란이 수습되면서 주식시장이 회복하고 환율도 안정세를 찾아갔다. 이러한 일련의 국내 흐름은 정치적 사건이 경제와 주식시장을 좌우한 대표적인 사례다.

이번 사태와 그 수습 과정에서 도출된 흥미로운 투자 아이디어를 함께 살펴보자. 윤 전 대통령 탄핵 후 대통령 선거 운동 기간에 거대 양당인 더불어민주당과 국민의힘의 두 대통령 후보는 모두가 주식시장을 부양하겠다는 의지를 강하게 역설했다. 투자자는 선거 이전인 이 시점부터 증권주를 사들이는 게 유리했다. 누가 당선되든 주식시장이 상승하는 정책을 내놓을 것이 자명했기 때문이다. 주식시장이 활황일 때 증권주는 왜 오를까? 사람들은 대개 주식시장이 호조를 보이면 그때부터 주식에 관심을 보이면서 투자에 뛰어들곤 한다. 주식투자를 하는 사람이 많아지면 증권사는 거래수수료 수입이나 주식 매수자금 대출에 따른 이자 수입 등으로 돈을 많이 벌 수 있다. 따라서 주가가 뛰는 시기에는 증권사 주가가 상승한다.

대선에서 당선된 이재명 대통령은 '코스피 5000 시대'라는 상징적인 발언을 내놓았다. 정부와 여당은 실제로 주주에게 우호적인 여러 규제 개선에 나섰다. 자사주를 많이 보유한 기업이 자사주를 소각해서 주당 가치를 높이도록 유도하는 정책이 논의되자 투자자들은 자사주를 많이 들고 있는 종목에 주목했고 주가도 치솟았다. 또 주주에게 많이 배당하도록 유도하는 정책이 논의되자 고배당이 예상되는 종목의 주가가 뛰었다. 이처럼 탄핵 후 대선 과정 그리고 새 정부 출범 후 쏟아진 정책 뉴스들은 다양한 투자 아이디어를 품고 있었다.

부정적인 뉴스에도 귀 기울이자

도널드 트럼프 미국 대통령이 2025년 4월 2일 미국이 수입하는 전 세계 제품에 높은 관세를 물리는 정책을 발표한 것은 부정적인 의미에서 중요한 정보였다. 우리나라 기업들은 반도체, 자동차 등을 미국에 많이 수출하는데, 미국에서 이런 움직임이 관측되자 주요 수출기업들의 주가가 추풍낙엽처럼 추락하고 말았다. 미국에서 나오는 뉴스에 일찍부터 귀를 기울이고 있던 투자자라면 관련 주식을 일찍이 팔아치우는 게 유리했다.

뉴스를 다각도로 해석하자

투자자는 뉴스를 다각도로 해석하는 훈련을 해야 한다. 이재명 정부는 취약계층 지원에 우호적이다. 정부 출범 후 빌린 돈을 제대로 갚지 못해 큰 빚을 짊어진 소상공인이나 취약층에게 빚을 탕감해주는 방안이 논의되고 있다. 본인이 정책의 수혜자라면 이런 뉴스가 반갑기 그지없을 것이다. 하지만 은행 등 금융주에 투자하는 투자자 입장에서 보면, 이런 소식은 악재라고 해석할 수 있다. 돈을 제대로 갚기 어려운 취약층은 은행이나 증권사 같은 금융회사에서 돈을 빌리는데, 사람들에게 빌려준 돈을 회수하지 못하면 금융회사의 이익이 감소한다. 투자자는 이런 뉴스를 접하면 금융사가 실제 피해를 입을 금액이 얼마나 될지 살펴보고 주가에 미칠 영향을 분석해봐야 한다.

이상의 여러 사례처럼 투자자는 경제·금융 뉴스만 읽어서는 곤란하다. 다양한 뉴스를 두루 편견 없이 읽어야 한다. 근로자·사업주, 진보·보수 등 다양한 입장을 떠올리며 열린 시각으로 뉴스를 읽어야 한다.

투자자 관점에서 뉴스를 해석하려면 꾸준히 연습하는 게 좋다. 뉴스를 읽으면서 그 내용이 내가 관심 있는 종목이나 이미 보유한 주식과 어떻게 영향을 주고받을지 생각해보자.

참신한 상상이 큰 수익을 만든다

뉴스에서 투자 아이디어를 찾아낼 때는 참신한 상상을 해보는 것도 필요하다. 미국 서부 개척 시대에는 많은 사람이 일확천금을 꿈꾸며 서부로 몰려갔다. 금광이 발견되어 금을 캐내면 부자가 될 수 있다는 소문 때문이었다. 당시 진짜 큰돈을 번 사람은 누구였을까? 바로 저들에게 곡괭이와 청바지를 판매한 사람이다.

엄청난 금이 묻혀 있는 광산을 찾아내려는 것은 지금 시점으로 바꿔서 보면 성공한 AI(인공지능) 회사를 찾으려는 것과 같다. 하지만 어떤 AI 기업이 승리할지는 아무도 알 수 없다. 그렇다면 유망한 AI 기업을 찾으려고 하기보다 AI 기업들에 현대판 '곡괭이와 청바지'를 파는 회사를 찾는 게 더 나을 수도 있다. 그런 회사 중에 가장 유명한 곳이 바로 '엔비디아'다. AI 개발에 필수적인 반도체 GPU(그래픽처리장치)를 만드는 회사다. 엔비디아 주가는 2023년부터 최근(2026년 2월)까지 거의 9배 치솟았다.

전력기기 제조업체도 현대판 곡괭이와 청바지가 될 수 있다. AI를 가동하려면 엄청난 전기가 소모된다. 이에 미국과 유럽에서는 낡은 기존 전력망을 새로 정비하고 부족한 전력망을 새로 설치하는 시장이 커졌다. 이런 흐름을 타고 미국과 유럽에 중대형 전력기기를 수출하는 우리나라 전력기기 제조업체 주가는 실제로 크게 올랐다. 대표적인 종목인 HD현대일렉트릭은 지난 2024년 초부터 최근

(2026년 2월)까지 주가가 약 10배 급등했다.

투자를 위한 상상은 이런 식으로 해나가면 된다. 다만 앞서 예시로 든 엔비디아나 전력기기 제조업체 투자 아이디어는 지금 시점에는 유효하지 않을 수 있으니 유의하자. 현재 저 기업들의 주가는 이런 아이디어가 이미 반영되어 벌써 아주 많이 오른 상태이니 말이다. 어제는 최고 수익을 안겨준 아이디어였으나, 이미 급등한 주식을 뒤늦게 매수했다가 불행히도 내일부터 최악의 손실을 입을 수도 있다. 시장 상황은 계속 변하기 마련이다. 아무리 좋은 투자 아이디어도 영원히 통할 수는 없다는 점을 꼭 기억하자.

02

주가가 비싼지 싼지
쉽게 파악하는 법

투자로 돈을 벌려면 '쌀 때 사서 비쌀 때 판다'는 원칙만 잘 지키면 된다. 그런데 이 단순한 원리를 실현하기는 정말 어렵다. 주가가 싼지 비싼지를 대체 어떻게 판단해야 할까?

주가가 10만 원인 A 주식과 1,000원인 B 주식이 있다고 하자. 언뜻 생각하면 A가 비싸고 B는 저렴한 것 같다. 하지만 꼭 그런 건 아니다. A의 적정한 기업 가치가 주당 100만 원이라면 지금 10만 원인 A는 무려 10분의 1 가격에 엄청난 바겐세일을 하고 있는 것이다. 반면에 B의 적정한 기업 가치가 주당 100원이라면 어떨까? 현재 1,000원인 B 주식은 10배나 과도하게 비싼 상태라고 할 수 있다. 즉, 단순히 주가만 봐서는 어떤 종목이 비싼지 싼지 전혀 알 수 없다.

다행히 투자의 역사가 흘러오는 동안 전문가들은 주가가 비싼지 싼지를 파악하는 여러 가지 방법을 고안했다. 투자 초보자가 꼭 알아둘 세 가지를 소개한다.

PER과 PBR:
수익성·자산 그리고 경쟁사와 비교하기

기억하고 있을지 모르겠지만 실은 우리가 이미 알고 있는 방법이다. 앞에서 '기본적 분석'을 공부한 부분(제2장)에서 살펴봤던 주가수익비율(PER)과 주가순자산비율(PBR)이 그것이다.

간단히 복습하면, PER은 기업의 수익성을 기준으로 삼는 기업 밸류에이션(기업가치와 비교한 주가 수준) 지표로, 일반적으로 PER 배수가 낮으면 싸고 높으면 비싸다고 본다. 어떤 종목의 PER이 2배일 때와 20배일 때를 비교하면, 2배일 때가 저렴하고 20배일 때는 비싸다는 뜻이다.

PBR은 기업이 보유한 순자산(=자산-부채)을 기준으로 한 밸류에이션 지표다. PER과 마찬가지로 PBR 배수가 낮으면 저렴하고 높으면 비싼 것이다. 어떤 종목의 PBR이 0.5배일 때와 3배일 때를 비교하면 0.5배가 싸고 3배는 비싸다는 의미다.

여기까지만 알고 투자해도 된다면 참 좋겠지만, 더 알아야 할 점이 있다. PER과 PBR은 산업이나 경쟁 상황에 따라 상대적 차이가 있어서 비교 분석을 꼭 해야 한다는 것이다.

삼양식품, 농심, 오뚜기 등 라면회사를 예로 들어서 살펴보자 (2026년 2월 27일 종가 기준). 우선 PER 기준으로, 농심 하나만 놓고 생각해보면 농심 PER은 15.95배다. 두 자릿수를 넘어가니까 약간 높아 보인다. 그런데 다른 라면회사들과 비교해보니 꼭 그런 건 아니다. 삼양식품 PER은 24.86배로 농심보다 훨씬 높다.

이번에는 PBR을 보자. 농심만 보면 0.90배에 불과해서 아주 싸다. PBR 1배 미만은 회사 자산가치를 다 합한 것보다 지금 시가총액이 저렴하다는 뜻이다. 상당한 바겐세일 상태인 것이다. 그런데 경쟁사 오뚜기의 PBR을 보니 농심보다 더 낮은 0.65배다. 지금 대표적인 라면회사 세 곳 중 내재가치에 비해 주가가 제일 싼 회사는 오뚜기다.

라면회사 3사의 PER과 PBR 비교
(자료: 에프엔가이드)

	삼양식품	농심	오뚜기
주가	122만 1,000원	47만 7,000원	42만 5,500원
PER(주가수익비율)	24.86배	15.95배	15.76배
PBR(주가순자산비율)	8.42배	0.90배	0.65배

* 2026년 2월 27일 종가 기준

다만 밸류에이션 지표가 마음에 든다고 해서 더 재지 않고 주식을 덥석 사버리면 안 된다. '싼 게 비지떡'이라는 속담처럼 어떤 종목의 PER과 PBR이 낮은 데에는 그럴 만한 이유가 있을 수도 있기 때문이다.

라면회사들의 현재 상황을 살펴보면, 삼양식품은 '불닭볶음면'이라는 세계적인 히트상품 덕분에 몇 년째 돈을 쓸어 담고 있어서 주가가 높다고 볼 수 있다. 농심은 조금 늦긴 했지만 해외 시장에서 라면 판매가 서서히 늘어나고 있고, 최근 세계적으로 인기몰이에 성공한 애니메이션 <케이팝 데몬 헌터스>와 콜라보한 라면 출시에 힘입어 실적이 개선될 것으로 기대돼 주가가 오르고 있다. 하지만 오뚜기의 경우 현재까지 다른 라면회사들에 비해 상대적으로 성과가 부진해 주가가 가장 밀리는 형편이다. 투자하기 전에는 이런 식으로 개별 회사별 상황을 꼼꼼하게 체크하는 과정을 반드시 거쳐야 한다.

ROE: 은행 정기예금 금리와 비교하기

밸류에이션 지표 중에 자기자본이익률(ROE)도 꼭 알아두어야 한다. 이 지표를 통해 상장기업의 돈 버는 실력과 은행 예금 금리를 비교한다고 생각하면 된다. 회사를 창업할 때는 일정 금액의 자본을 투입한다. 그런데 그 자본으로 사업을 하지 않고 은행에 예금해서 편하게 이자를 받는 게 더 낫다면 어떨까? 그렇다면 굳이 힘들게 창업해서 사업을 할 필요는 없을 것이다. ROE와 은행 예금 금리를 비교하는 이유다.

앞에서 예로 들었던 라면회사들의 ROE를 살펴보자.

라면회사 3사의 ROE와 은행 예금 금리 비교
(자료: 에프엔가이드)

	삼양식품	농심	오뚜기	시중은행 1년 정기예금 금리**
ROE* (자기자본이익률)	40.77%	6.21%	5.12%	약 2~2.96%

* 증권사들이 예상한 2025년 말 실적 추정치로 계산
** 은행 정기예금 금리는 2026년 12월 말 기준

시중은행 정기예금 금리는 2026년 2월 말 기준으로 1년간 가입할 경우의 금리가 약 2~2.96%다. 이를 기준으로 보면 라면 3사는 모두 자본금을 정기예금에 넣어놓는 것보다는 사업으로 더 좋은 성과를 내고 있다.

그중 삼양식품이 특히 돋보인다. 자기자본으로 올린 이익률이 40.77%나 되기 때문이다. 이는 다르게 표현하면 이 회사가 자본금으로 가입한 은행 정기예금 이자율이 연간 40.77%라는 어마어마한 수치라는 것이다. 앞에서 세 라면회사의 PER과 PBR 차이가 크게 나타난 배경에는 이런 수익성 차이도 작용했다고 봐야 한다. 돈을 더 잘 버는 회사가 시장에서 훨씬 인기(밸류에이션)가 높을 수밖에 없다.

다만 삼양식품처럼 지금 돈을 잘 버는 회사가 앞으로도 계속 그럴 수 있을지는 아무도 모른다는 점을 명심하자. 영원히 잘나가는 회사는 없다. 개별 기업의 사업 여건이나 전반적인 경제 사이클에 변화가 생기고 그 변화가 기업의 주가에 어떤 영향을 미칠지에 대해 투자자는 계속 주시하고 생각해야 한다.

투자 공부 참고 사이트

막연히 뉴스만 보면서 주식 투자를 하기는 어렵다. 주변에서 어떤 주식이 좋다는 얘기만 듣고 무턱대고 사는 것보다야 낫겠지만, 큰 실수를 줄이려면 투자 대상 기업에 대해 좀 더 자세한 정보를 파악하는 게 좋다. 참고할 만한 사이트를 몇 가지 소개한다.

Npay증권

포털 사이트 네이버의 세부 메뉴 가운데 증권에 대한 종합정보를 볼 수 있는 서비스다(https://finance.naver.com). 주식시장과 개별 종목 등에 관련된 뉴스만 따로 나오고, 코스피, 코스닥, S&P 500 등 국내외 주요 시장 지수 정보도 대부분 확인할 수 있다. 종목명을 검

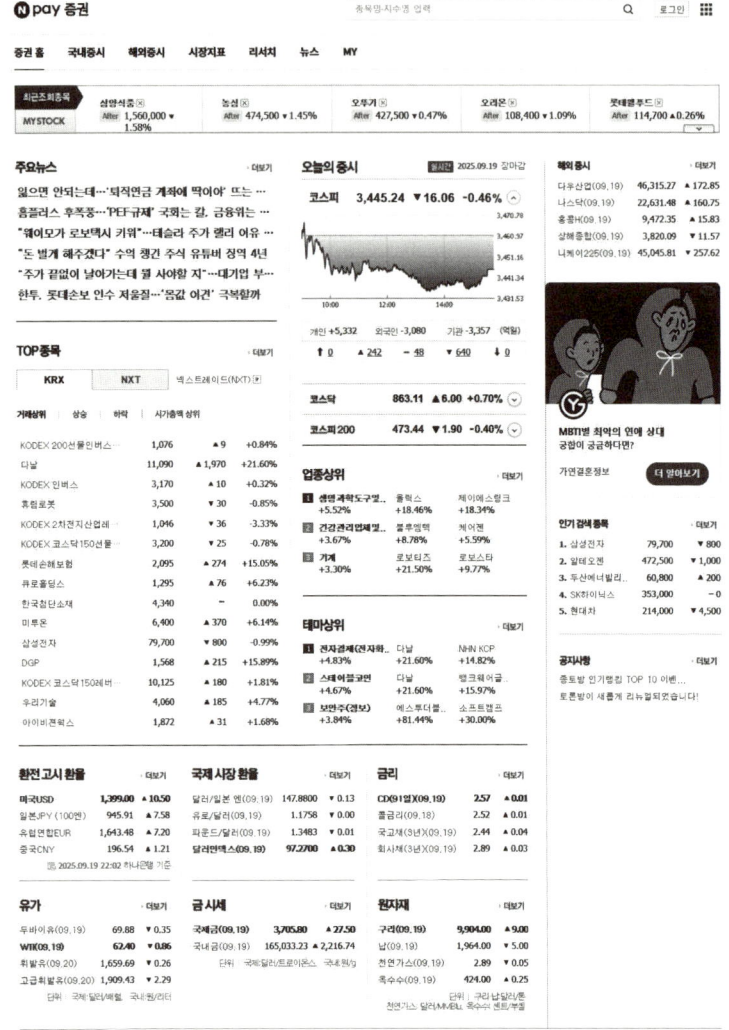

Npay증권 서비스 화면

색하면 그 종목의 상세한 정보를 볼 수 있다. 주가 추이, 투자자별 매매동향, 종목별 뉴스/공시, 투자자들의 종목별 토론, 상세한 재무분석 현황 등 투자자한테 필요한 기본적인 정보는 거의 다 있다. 다수 증권사의 분석 리포트도 무료로 찾아볼 수 있다.

한경컨센서스 & 매일경제 마켓 투자정보

경제신문사에서 증권사 분석 리포트를 볼 수 있도록 서비스하는 사이트도 있다. 한국경제신문의 한경컨센서스(https://markets.hankyung.com/consensus), 매일경제신문의 마켓 페이지 하위 메뉴인 투자정보(https://stock.mk.co.kr/invest) 페이지에서도 여러 증권사 리포트를 볼 수 있다.

과거에 비해 무료로 리포트를 공개하는 증권사들이 줄어드는 추세이지만 아직도 꽤 많은 증권사들의 리포트를 살펴볼 수 있다. 네이버페이증권과 두 경제신문이 제공하는 증권사가 겹치지 않을 수도 있기 때문에 함께 이용하면 좋다.

버틀러

버틀러(https://www.butler.works/ko/home)는 상장기업의 주요 정보를 파악할 수 있는 서비스다. 다른 투자정보 서비스처럼 종목별

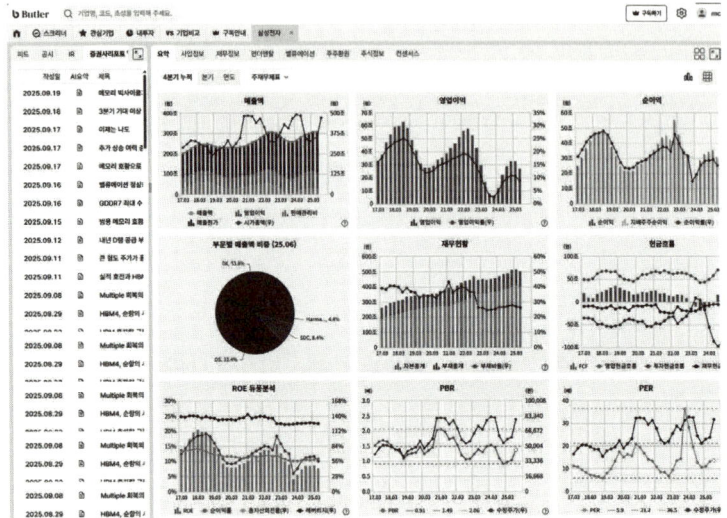

버틀러 서비스 화면(삼성전자 기준)

뉴스와 공시가 기본으로 제공되지만, 다른 곳에서는 보기 어려운 정보가 몇 가지 있다.

그림으로 가공한 재무정보가 특히 유용하다. 기업명을 검색하면 해당 기업의 재무정보와 밸류에이션 추이 등이 다양한 그래프로 나타난다. 또 투자자들을 위해 정기적으로 IR(투자자 대상 홍보물) 자료를 내놓는 기업들의 기업별 IR 자료도 볼 수 있다. 이 외에도 여러 증권사가 발표하는 분석 리포트를 AI로 요약해서 보여주기도 한다. 리포트 원본은 제공하지 않는다.

참고로, 버틀러는 시각화한 이미지 모음 요약 자료는 무료로 볼 수 있지만 더 자세한 정보는 유료다. 하지만 웬만한 투자자는 이 정도만 보아도 투자에 큰 도움을 받을 수 있다.

04

상장사 이벤트 이해하기

주식은 기업 활동의 결과나 기대감이 반영되어 움직인다. 재화와 서비스를 개발하고 판매해서 벌어들인 수익이나 자산 가치 등이 주가를 움직이는 중요한 요소다. 하지만 주식시장에 상장되어 거래되는 주식을 둘러싼 여건 변화도 주가에 영향을 줄 수 있다. 자본금을 늘리거나(증자) 줄이는(감자) 행위, 자본금은 그대로인데 주식 수만 늘리거나(주식분할) 줄이는(주식병합) 행위, 자사주의 매입 및 소각 등 소위 '이벤트'라고 하는 현상도 공부할 필요가 있다. 기업이 이런 결정을 할 때마다 호재나 악재로 인식되며 주가가 출렁이기 때문이다.

초보 투자자 입장에서는 용어도 낯설고 비슷하게 들려서 헷갈릴 것이다. 자꾸 반복해서 익히고, 이를 자세하게 다루는 책이나 유튜브 영상이 적지 않으니 꾸준히 공부하기를 권한다.

유상증자와 무상증자

기업이 사업을 진행하다 보면 사업자금이 부족할 때가 있다. 부족한 자금은 채권을 발행하거나 대출을 받아서 조달할 수도 있지만 채권과 대출에는 이자를 내야 하는 부담이 있다. 이를 원하지 않는 기업은 기존 주주들에게 추가로 자본금을 더 내달라고 요청한다(주주 배정 유상증자). 또는 새로운 주주를 콕 찍어서 자본금을 받기도 한다(제3자 배정 유상증자). 여기서 증자^{增資} 앞에 붙는 '유상^{有償}'이란 돈을 받고 시행한다는 뜻이다.

기존 투자자 입장에서 유상증자는 가급적 없는 게 좋다. 목돈(자본금)을 줘서 독립시킨 자녀가 자꾸만 부모한테 돈 달라고 손 벌리는 상황을 떠올리면 된다. 실제로 유상증자는 기존 주주에게 악재일 때가 많다. 새로 늘어난 자본금과 주식 수만큼 기존 주주의 지분율이 희석되기 때문이다. 물과 잉크를 절반씩 섞은 잔에 물을 추가로 넣으면 농도가 옅어지는 것(=희석)과 같은 원리다.

예를 들어 어떤 회사가 1주당 1,000원짜리 주식 10주를 발행해 설립됐다고 하자. 설립 후 자본금 및 시가총액은 1만 원이다(=1,000원×10주). 발행한 10주를 10명의 주주가 1주씩 나눠 갖고 있다면 각 주주의 지분율은 10%다. 이 회사가 운영자금이 모자라 1만 원의 자본금을 더 늘리기로 했다. 새로 10명의 주주를 영입해 자본금을 수혈받았다. 그러면 기존 주주들은 갑자기 이 회사에 대한 지분율이

5%로 줄어든다. 10주 중 1주였던 지분율(1/10)이 20주 중 1주(1/20)로 바뀌기 때문이다. 동시에 주가는 500원으로 반 토막 나게 된다. 시가총액 1만 원이 그대로인 상태에서 주식 수가 기존 10주에서 20주로 늘어나기 때문이다(=1만 원/20주).

유상증자는 실시하는 배경이나 시장 상황에 따라 긍정적으로 인식될 때도 있다. 성공 가능성이 높은 신규 사업에 뛰어들거나 지금 아주 잘 팔리는 제품을 더 공급하려고 공장을 새로 짓는 상황이라면 오히려 시장이 긍정적으로 해석해 주가가 오르기도 한다. 반면에 사업이 잘 안되는 기업이 일상적인 운영자금 부족으로 증자를 시행하면 주가에 확실한 악재로 작용한다.

다만, 증자 가운데 무상증자는 비교적 긍정적으로 인식된다. 자본금 총액을 그대로 둔 상태에서 주식 숫자만 늘리는 것이다. 주주 숫자도 그대로이며 회사에 새로 들어오는 자본금도 없다. 무상증자는 시장에 유통되는 주식 수가 적은 기업이 거래를 활성화하고자 할 때 주식 수를 늘리는 방식으로 시행하는 경우가 많다. 피자 한 판이 있을 때 이를 4조각으로 큼직하게 자르든 8조각으로 잘게 나누든 피자 한 판의 전체 분량은 그대로인 상황을 떠올리면 된다. 무상증자는 이렇게 피자를 더 잘게 나누는 상황과 같다. 기업 가치 변화 없이 주식 수만 늘리는 것이다.

기업은 이익잉여금이 넉넉할 때 무상증자에 나서는 경우가 많다. 이익잉여금은 기업이 사업을 잘해서 번 이익에서 주주에게 배당금을 지급한 후 회사에 남아 있는 돈을 뜻한다. 즉, 무상증자를 하는 기업은 재무상태가 매우 탄탄하다는 뜻이다.

무상증자는 기존 주주들만을 대상으로 시행한다. 기존 주주들은 각자 보유한 주식 지분율에 비례해 무상증자로 늘어난 주식을 공짜로 지급받는다.

액면분할과 액면병합

액면분할도 무상증자와 비슷한 효과가 있다. 액면가는 주식이나 채권에 기재된 표면적 가격을 말하는데, 회사가 주식을 처음 발행할 때 1주당 얼마로 할지 정한 금액이다. 액면가격은 기업마다 100원, 500원, 1,000원, 5,000원, 1만 원 등 다양하게 설정할 수 있다.

예를 들어 현재 주가가 10만 원인 어떤 주식의 액면가격이 1만 원이라고 할 때, 이 액면가를 1,000원으로 10분의 1만큼 낮추면 이 회사 주가는 기존 10만 원에서 1만 원으로 낮아진다. 전체 시가총액은 그대로인 상태에서 액면가격만 낮추므로 시가총액을 유지하려면 전체 주식 수는 10배로 늘어나야 한다(1주×10만 원=10주×1만 원).

기업이 무상증자와 액면분할을 실시하는 이유는 유통 주식 수가 늘어나면 거래가 활발해지면서 주가 상승에 유리할 것이라는 기대감 때문이다.

액면병합은 이와 정반대의 논리다. 1주당 가격이 너무 낮으면 시장에서 품위가 떨어진다는 생각에 액면가를 병합해서 주가를 높이는 것이다. 예를 들어 액면가 100원짜리 주식의 현재 주가가 500원인 경우, 시가총액이 그대로인 상황에서 100주를 1주로 병합하면 이 주식이 액면가는 100원에서 1만 원으로 높아진다. 주가도 기존 500원에서 5만 원으로 올라간다. 주식의 액면가만 바뀌었을 뿐 전체 기업 가치는 변함이 없지만 왠지 투자자들은 주가가 올랐다는 느낌을 받을 수 있다. 500원짜리는 왠지 싸구려 같은데 5만 원이라고 하면 꽤 고급이라는 느낌이 드는 것이다. 기업은 이런 효과를 노리고 액면병합을 하는데, 액면병합도 주가 상승의 재료로 작용하는 경우가 많다.

유상감자와 무상감자

먹는 감자는 들어봤어도 주식시장에서 일어나는 감자는 처음 들어본 사람도 있을 것이다. '감자減資'는 자본금을 줄이는 것을 말한다. 대체로 무상감자를 지칭하며 이는 악재다. 기업이 안 좋은 재무구조를 개선하려고 실시하는 경우가 많다.

예를 들어 자본금과 시가총액이 모두 1만 원이고 총 주식 수가 10주, 1주당 가격은 1,000원이며 주주는 5명인 기업을 가정해보자. 이 경우 주주 1인당 2주씩 보유하고 있다(지분율 20%). 이때 자본금을 절반으로 줄이기로 하면(50% 감자), 회사 자본금은 기존 1만 원에서 절반인 5,000원으로 낮아진다. 전체 주식 수도 10주에서 5주로 줄어든다(=10주×50%).

이 상황에서 기존 주주는 갑자기 들고 있던 주식이 2주에서 1주로 감소한다. 가만히 앉아서 재산이 50% 줄어드는 '눈 뜬 채 코 베이는' 상황을 당하는 것이다.

이런 기업은 대부분 무상감자 후 다시 유상증자를 세트로 시행하는 경우가 많다. 회사에 돈이 없으니 새로 사업자금을 수혈받기 위한 조치다. 기존 주주는 안 그래도 무상감자로 재산이 확 줄었는데 그나마 남은 1주에 대한 지분율이 더 희석되는 이중고를 겪게 된다. 만약 추가적인 유상증자를 통해 새로 5명의 주주가 들어오는데 주당 1,000원에 10주를 더 늘리는 증자가 일어난다고 가정해보자. 그러면 기존 주주 1인당 지분율은 처음의 20%(=10주/5명)에서 10%(=20주/10명)로 내려간다. '엎친 데 덮친다'는 속담이 딱 들어맞는 상황이다.

한편, 호재로 여겨지는 감자도 존재한다. '유상감자'다. 자본금과 주식 수를 줄이기는 하는데, 기존 자본금에서 줄어드는 금액을 기존 주주에게 돌려주기 때문이다. 주주들이 보유한 주식 수만큼 계산해서 돌려주므로 시장에서는 긍정적으로 반응한다. 갑자기 고액 배당을 받는 것과 비슷하게 인식되는 것이다. 유상감자는 대주주가 현금이 많이 필요할 때 시행하는 경우가 많다.

자사주 매입 및 소각

기업은 이따금 자사의 주식을 사들이기도 한다. 이를 자사주 매입이라고 한다. 기업 경영진이 봤을 때 자사주가 저평가된 상태라면 쌀 때 사들였다가 다시 매도하면 그 자체로 차익을 실현할 수 있는 좋은 투자가 되기도 한다. 그래서 어떤 기업이 자사주를 매입하면 시장에서는 그 주식이 저렴하다는 신호로 작용하기도 한다. 미국 주식시장에서 특히 그런 경우가 많다. 기업은 자사주를 사들여 비축했다가 나중에 사업자금이 부족할 때 자금을 조달하는 수단으로 활용하기도 한다. 매도해서 그 대금을 사용하거나, 자사주를 기초자산으로 삼은 교환사채(EB)를 발행하기도 한다.

우리나라 기업은 회삿돈으로 자사주를 사들여 대주주 일가의 경영권을 지원하는 용도로 써먹는 경우가 적지 않아서 시장의 비난을 받는 경우가 많다. 그래서 기업의 자사주 매입이 주주환원의 효과로 이어지려면 단순히 매입에 그쳐서는 안 되고 매입한 자사주를 소각하는 데까지 이어져야 한다. 자사주를 소각하면 기업 가치(시가총액)가 동일한 상태에서 전체 주식 수만 줄어들기 때문에 1주당 가치가 올라가는 효과를 볼 수 있다. 향후 주가 상승 요인으로 작용할 수 있는 것이다. 따라서 기업이 보유한 자사주를 소각한다는 발표는 주가에 호재가 된다.

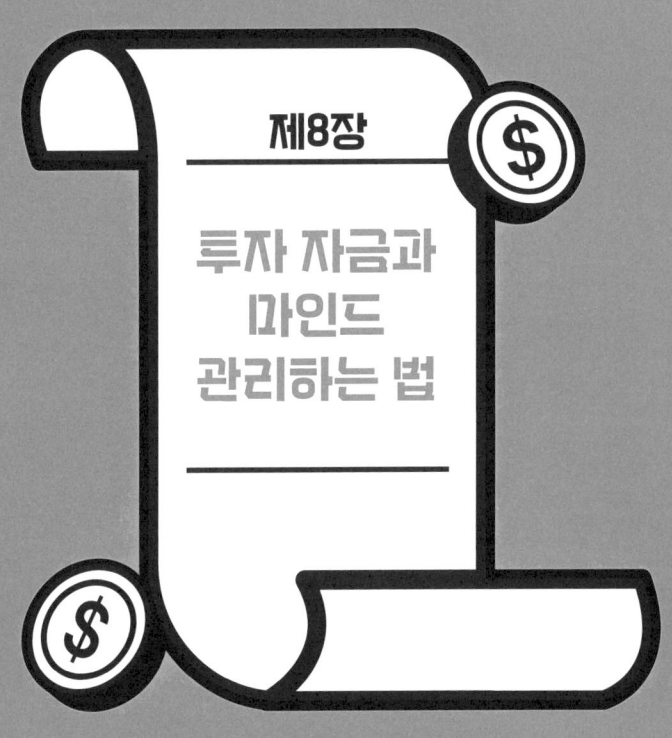

제8장

투자 자금과
마인드
관리하는 법

01

몰빵 투자를 피하자

주식투자를 시작한 초기에는 관심 가는 종목이 눈에 보일 때마다 자꾸 사고 싶은 충동을 느끼기 쉽다. 그때마다 계속 주식을 사들이다 보면 어느새 보유한 현금을 다 소진하게 된다. 그런데 초보 시절에 이런 식으로 투자하다 보면 리스크를 관리하는 데 어려움을 겪기 쉽다. 갑자기 시장이 급락할 경우 큰 손실을 입으며 애써 모은 자금을 날릴 수 있다.

지금은 주식 투자자의 저변이 넓어졌지만 아직도 어르신들 중에서는 '주식 투자하면 패가망신한다'며 주식 투자를 부정적으로 보는 분들이 있다. 하지만 주식은 죄가 없다. 주식은 원래 등락을 거듭하며 원금 손실의 위험이 내재돼 있다. 초보 시절에 그런 주식의 위험성을 충분히 이해하지 않고, 본인의 자산을 안전자산과 위험자산으로 적당히 배분해 관리하며 투자하는 습관을 익히지 못한 투자자 본인의 잘못이 명백하다. 하지만 사람들은 자신의 준비 부족은 외면하고 주식만 탓한다.

그래서 초보 투자자는 반드시 기억해야 한다. 들고 있는 현금을 전부 주식에 투입하면 안 된다. 반드시 현금성 자산은 안전자산과 위험자산으로 적절히 배분해 운용하기 바란다. 본인이 투자 고수의 반열에 올라섰다는 확신이 들기 전까지는 절대적으로 여유 현금을 항상 갖고 있어야 한다. 그래야 시장이 추락하는 비상 상황이 발생해도 냉정함을 유지할 수 있다.

특히 자금을 특정 투자 대상 하나에 몰아넣는 이른바 '몰빵 투자'는 초보 시절에는 절대적으로 피해야 한다.

안전자산과 위험자산을 나눈다

안전자산은 원금을 보장하는 대신 수익률이 낮은 예금과 적금 등의 상품을 말한다. 위험자산은 원금을 보장하지 않으나 높은 수익률을 추구하는 주식, 부동산, 코인 등을 가리킨다. 이 책 앞 부분에서 투자성향 테스트로 확인한 본인의 위험 감수 정도를 떠올려 보자. 그 결과에 따라 안전자산과 위험자산의 비중을 조절하고, 주식투자에 투입할 자금은 위험자산으로 분류한 금액 이내에서만 써야 한다. 이렇게 기준을 잡아두고 투자에 임하지 않으면 최악의 경우 전 재산을 날릴 수 있다는 점을 명심하자.

안전자산과 위험자산을 나누는 절대적 권장 비율은 없지만, 일반적으로는 본인의 나이에 따라 비율을 정하는 방법이 있다. 이른바 '자산 배분의 법칙'이라고 하는데, '100-나이'를 투자 비율로 생각하면 된다. 30세라면 보유 자금의 70%를 주식에 투자하고 30%는 은행에 예금하는 것이다. 이렇게 비율을 잡는 이유는 젊을 때라면 공격적으로 투자해서 손실을 입더라도 다시 회복할 시간이 충분하다는 점을 고려한 것이다. 물론 개인의 상황이나 성향에 따라 비율을 조절할 수 있다. 핵심은 보유한 돈을 전부 위험자산에 털어 넣어서는 안 된다는 것이다.

성격이 다른 대상에 분산 투자한다

보유한 자금을 안전자산과 위험자산으로 나눌 뿐만 아니라, 위험자산 안에서도 위험을 나누는 전략이 필요하다. 성격이 다른 여러 자산에 나누어 투자함으로써 위험을 분산할 수 있다. 바로 '분산 투자'다.

분산 투자를 할 때 중요한 점은 성격이 서로 다른 투자 대상에 나누어야 효과적이라는 것이다. 만약 1,000만 원이라는 투자용 종잣돈을 삼성전자 주식, 배당주 펀드로 절반씩 나누어 투자했다면 분산 투자라고 하기 어렵다. 모두 주식에 투입됐기 때문이다.

하지만 이 자금을 주식, 채권 등에 나누고, 또 단기-중기-장기로 기간을 다르게 잡고, 투자 국가를 국내와 해외로 분리하고, 선진국과 신흥국까지 고루 분배한다면 올바른 분산 투자가 된다. 서로 성격이 다른 곳에 자금을 두루 나누었기 때문이다.

투자할 때 리스크는 절대 피할 수 없다. 언제 발생할지 모르는 위험을 최소화하기 위해서는 자산을 다양하게 분산해 투자하는 것이 가장 좋은 방법이다.

분산 투자는 수익률을 가장 높이는 전략은 아니다. 하지만 초보자는 어느 정도 실력을 쌓기 전까지는 손실을 최소화할 수 있는 갑옷이나 방패를 준비하고 조심스럽게 대응해야 한다. 워런 버핏의 투자 방식은 소수 종목에 투자하는 집중 투자가 특징이지만, 그것은 버핏이 투자의 대가이기에 가능한 방법이다. 초보자가 함부로 따라 했다가는 큰 위기를 겪을 수 있다는 사실을 기억하자.

02

작게 시작하고 오래 투자하자

주식 투자를 시작한 지 얼마 되지도 않은 초보자가 하지 말아야할 유의사항은 한두 가지가 아니지만, 무엇보다도 덥석 큰 금액을 투입하는 행위는 절대적으로 피해야 한다. 원금 규모가 크면 클수록 멘탈이 너무나 쉽게 부서질 수 있기 때문이다.

예를 들어 100만 원어치 주식을 샀는데 주가가 30% 하락했다면 잃은 금액은 30만 원이다. 이 정도면 속상하긴 하지만 친구들에게 비싼 식당에서 크게 한턱 낸 셈 치고 넘어갈 수도 있다. 그런데 1,000만 원어치를 샀다면 같은 30% 하락에 따른 손실 금액이 300만 원이다. 거의 1개월치 월급이다. 1억 원이라면 30% 하락 시 3,000만 원을 잃는다. 이건 거의 1년치 저축액이다.

초보 투자자는 손실에 따른 충격에 서서히 적응하는 시간이 필요하다. 물론 주가가 상승하는 경우라면 투자 금액이 클수록 수익금이 커지겠지만, 초보자인 여러분은 투자로 벌기보다는 잃기가 더 쉽다고 보는 게 합리적인 추론이다. 누구나 어떤 상황에 익숙해지면서 실력까지 향상되려면 시간이 걸리기 마련이다. 많은 사람이 '나는 남들과 다르다'며 자신감에 가득 차 투자에 뛰어들지만 시장은 그렇게 호락호락하지 않다. 국내외 유수의 투자 전문기관에서 공부도 많이 하고 경력도 출중한 투자 전문가들이 온갖 투자 기법과 IT 기술의 지원까지 받으며 진검승부를 벌이는 곳이 주식시장이다. 투자자는 항상 겸손해야 하며, 초보자는 두말할 나위도 없다.

사회 경험이 적어 모아둔 돈이 많지 않다 보니 하루라도 빨리 돈을 불리고 싶은 마음에 리스크가 큰 투자에 뛰어들려는 심정을 모르는 바는 아니다. 하지만 시야를 좀 더 길게 보도록 하자. 2030 여러분은 앞으로 투자할 시간이 70~80년이나 남아 있다. 굳이 조급하게 행동하다가 소중한 자금을 잃을 필요가 없다.

단기적으로 보면 많은 사람이 투자 실패를 경험한다. 시장은 항상 다양한 이슈로 출렁이기 마련이다. 하지만 투자 기간을 수십 년 이상 길게 잡고 투자하는 투자자는 더 큰 수익을 기대할 수 있다. 존 템플턴 경은 세계적인 금융 위기 등 거대한 경제 이벤트를 잘 활용해서 높은 수익률을 거두곤 했다. 현존하는 가장 위대한 투자자 워런 버핏도 자산이 본격적으로 불어나기 시작한 시기는 60대 후반부터였다.

투자는 평생 하는 것이다. 젊을 때 바짝 벌어서 은퇴해 유유자적

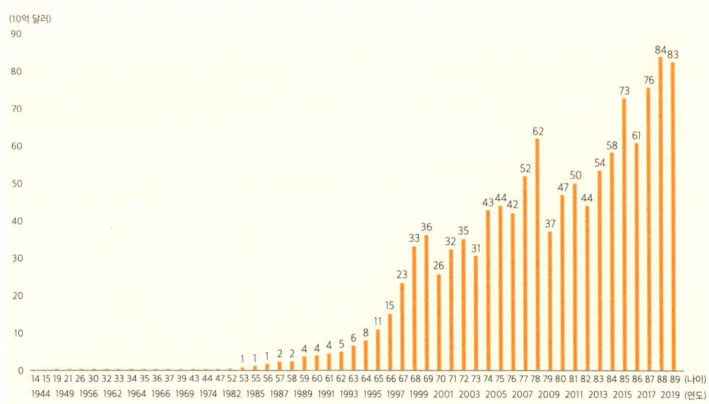

워런 버핏의 순자산 추이

[자료: 포브스 억만장자 순위(1944~2019년), 밸류워크닷컴]

하며 살고 싶다고 생각할 수는 있지만, 그런 사람은 극소수다. 느긋함과 여유를 잃지 말고 긴 호흡으로 시장을 바라보자. 가능하면 투자를 일찍 시작하고 오랫동안 지속하자. 시간은 여러분의 편이다.

여유자금으로만 투자하자

초보 투자자가 꼭 지켜야 할 원칙 가운데 여윳돈으로만 투자해야 한다는 점도 명심하자. 반드시 몇 년 이상은 쓸 일이 없는 돈을 투자금으로 써야 한다.

2030 여러분은 아직 모든 것이 불확실하다. 결혼할지 안 할지, 직장을 옮길지 계속 다닐지, 부모님 댁에서 계속 같이 살지 집을 구해서 독립할지, 자동차를 살지 말지 등 인생에서 의미 있는 분기점이 될 수 있는 중요한 의사결정을 잇달아 하는 시기다.

그런데 이런 의사결정에는 대부분 돈 문제가 따라붙는다. 함부로 목돈을 원금 손실 위험이 있는 곳에 투자했다가 투자에 실패할 경우, 여러분은 인생의 중요한 이벤트를 제대로 소화하지 못하는 불행을 경험할 수 있다. 결혼 자금, 집 임대 보증금, 집 매입 자금 등 머잖아 쓸 곳이 정해진 돈은 절대로 주식 투자에 활용하면 안 된다.

특히 본인이 아직 모아둔 돈이 부족하다는 이유로 은행에서 대출을 받거나 증권사에서 신용융자 대출을 받아서 투자하는 행위는 절대 금물이다. 돈 자체는 중립적이지만 빚으로 마련한 돈은 전투력이 뚝 떨어진다는 점을 명심해야 한다. 잃으면 안 된다는 생각에 몸을 사리게 되는 '겁먹은 돈'이기 때문이다.

물론 빌린 돈으로 레버리지(지렛대) 효과를 얻을 수는 있다. 이는 지렛대를 이용해 작은 힘으로 큰 물건을 들어 올리듯이 자기자본에 타인 자본(대출)을 더해 전체 투자 규모를 키워 높은 수익률을 추구하는 전략을 말한다. 하지만 레버리지 효과를 기대하고 투자에 나섰다가 손실이 발생하면 자기자본만으로 투자할 때보다 피해가 훨씬 증폭된다. 레버리지 투자는 그야말로 '양날의 검'과 같다.

따라서 레버리지는 투자 경험을 충분히 쌓은 고수의 영역에서나 활용할 도구다. 초보자가 섣불리 건드렸다가는 자산을 형성해야 할 시기에 거액의 대출을 갚는 구렁텅이에 빠질 위험이 있다. 가벼운 오솔길을 놔두고 굳이 험난한 늪지대를 헤치고 가야 할 이유가 없다.

2030 여러분에게는 앞으로 투자할 시간이 70~80년이나 남아 있다. 지금은 종잣돈을 착실히 모으면서 투자의 기초를 익히는 데 집중하자. 그러다 보면 어느 순간 투자 자금의 규모가 꽤 늘어나고, 큰 자금을 운용하면서 웬만한 주가 등락에는 '이 정도쯤이야' 하면서 초연히 대응하게 된다. 그때의 여러분은 충분한 실력과 단단한 멘탈을 겸비한 중견 투자자로 성장해 있을 것이다.

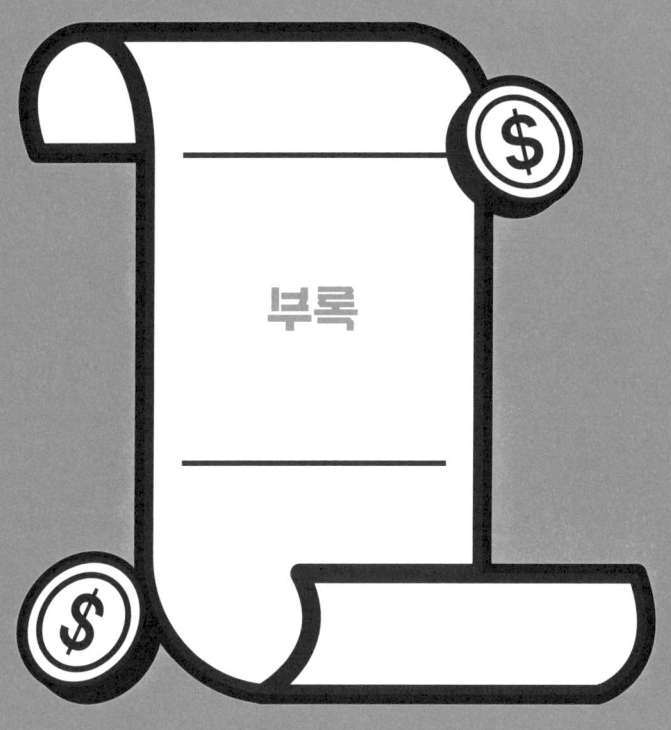

부록

초보 투자자라면 꼭 읽어야 할 책 5

벤저민 그레이엄, 『현명한 투자자』

 『현명한 투자자』(국일증권경제연구소, 2025)는 워런 버핏의 스승이자 가치 투자의 창시자인 벤 저민 그레이엄이 쓴 책으로, 가치 투자 철학의 정 수로 꼽힌다. 단기 수익보다 장기적 안정성과 원 칙을 중시하는 투자 지침을 다루고 있다. 단순한 주식 매매 기술을 알려주는 책이 아니라, 투자자의 태도와 사고방식 을 근본적으로 바꾸는 철학서에 가깝다고 평가받는다.

그레이엄은 이 책에서 투자와 투기를 명확히 구분해 설명한다. 투자는 철저한 분석을 통해 원금을 보호하면서 적절한 수익을 기대 하는 행위라고 정의하며, 투기는 시장 변동성에 기대어 단기 이익을

추구하는 위험한 접근이라고 진단했다.

그레이엄은 투자자를 크게 방어적 투자자와 공격적 투자자로 분류했다. 방어적 투자자는 안정성과 보수성을 중시하고 인덱스 펀드, 우량주에 분산 투자하는 전략을 선호한다고 봤다. 이와 달리 공격적 투자자는 더 높은 수익을 얻기 위해 적극적으로 분석하고 리스크를 감수한다고 풀이했다.

책에서 제시한 가장 유명한 개념 중 하나가 바로 '미스터 마켓'이다. 그레이엄은 주식시장을 감정적으로 변덕스럽기 짝이 없는 사람으로 비유했다. '미스터 마켓'이라는 이 변덕스러운 인물은 매일 투자자를 찾아와 얼마에 주식을 사고팔지 가격을 제안하는데, 투자자는 그의 제안에 휘둘리지 말고 냉정하게 대응해야 한다고 강조한다. 시장에 휩쓸리지 않고 오직 기업의 내재가치에 근거해 투자 판단을 내리는 것이 현명한 투자자의 자세라는 것이다.

이 책에서 소개하는 또 다른 중요한 개념은 '안전마진^{Margin of Safety}'이다. 이는 내재가치보다 훨씬 낮은 가격에 주식을 매수해야 잘못된 분석이나 예기치 못한 악재가 발생하더라도 손실을 최소화할 수 있는 여유를 확보할 수 있다는 철학에 기반한다.

그레이엄은 이 밖에도 리스크를 줄이는 데 큰 효과를 얻을 수 있는 분산 투자의 중요성을 언급했으며, 독립적 사고, 인내심, 절제력을 갖춘 투자자가 장기적으로 성공할 수 있다고 조언했다. 그는 "현명한 투자자는 참을성 있고 배움을 게을리하지 않으며 자신의 감정을 통제할 줄 아는 사람"이라고 정의했다. 워런 버핏은 이 책을 가리켜 "내 인생을 바꾼 책"이라고 극찬했다.

초보자가 이 책을 바로 읽기에는 부담스러울지도 모른다. 그렇다면 비교적 쉽게 이해할 수 있는 『벤저민 그레이엄의 현명한 투자자: 정말 읽기 쉬운 핵심 요약판』을 서점이나 도서관에서 찾아 먼저 읽어보기를 권한다.

야마구치 요헤이, 『현명한 초보 투자자』

『현명한 초보 투자자』(이콘, 2016)는 주식 투자에 막 입문한 개인 투자자가 읽으면 도움을 받을 수 있는 투자 입문 서적이다. 저자인 야마구치 요헤이山口揚平는 인수·합병(M&A) 전문가로, 초보자가 쉽게 이해하고 적용할 수 있는 가치 투자 원칙을 소개하고 있다.

야마구치 요헤이는 투자자의 성장 단계를 다섯 단계로 구분하고 각 단계에서 흔히 저지르는 실수와 극복 방법을 설명한다. 첫 단계는 주변 분위기에 휩쓸려 주식을 시작하는 '입문자'다. 그는 입문자가 계좌 개설부터 종목 선택까지 감에 의존해 행동하는 경우가 많다고 본다. 이후 추천 종목이나 차트에 의존하는 '초보자' 단계를 거쳐, 주가수익비율(PER)·주가순자산비율(PBR) 같은 지표를 공부하는 '기초 분석자' 단계로 발전한다고 설명한다. 기초 분석자 단계에서도 아직은 감정에 휘둘려 매매를 반복하며 손실을 입기 쉽다고 지적한다.

그 다음은 기업의 본질 가치를 분석하는 '가치 평가자' 단계로, 기업의 적정가치를 추정하고 그보다 싼 가격에 매수하는 전략도 구사할 수 있는 수준이다. 가장 마지막인 '현명한 투자자' 단계에 이르면 기업의 사업 구조와 재무 상태를 꿰뚫어 보고, 시장의 소음에 흔들리지 않는 투자자가 된다.

야마구치 요헤이는 "주식은 싸게 사서 비싸게 파는 게임이 아니라, 가치와 가격의 차이를 꿰뚫어 보는 게임"이라고 강조한다. 주가가 하락했을 때는 매도보다 매수의 기회로 삼아야 한다고 당부하며 감정에 휘둘리지 않고 소신 있게 행동하는 것이 중요하다고 역설한다. 기업의 가치는 이익과 자산으로 구성되는 만큼, 이를 파악하기 위해서는 사업 모델과 재무제표를 분석할 수 있어야 한다는 점도 지적한다.

또한 투자는 단순히 돈을 불리는 행위가 아니라 자신의 삶을 돌아보고 계획하는 과정이라고 본다. 주식이냐 부동산이냐의 문제가 아니라, 위험 대비 수익률이 높은 자산을 선택하는 것이 핵심이라는 것이다. 투자자는 감정의 덫에 빠지지 않도록 훈련해야 하며, 일곱 가지 투자 습관(인내, 독립적 사고, 학습 등)을 통해 장기적으로 안정적인 수익을 추구해야 한다고 조언한다.

이 책은 복잡한 용어 대신 실생활에 적용 가능한 사례와 간결한 문체로 구성되어 있다. 초보자가 투자에 대한 두려움을 없애고 스스로 판단할 수 있는 힘을 기르는 데 도움을 받을 수 있다. 시각 자료도 풍부하게 담고 있어서 투자 초보자가 접근하기에 큰 부담이 없는 책이다.

피터 린치, 『전설로 떠나는 월가의 영웅』

『전설로 떠나는 월가의 영웅』(국일증권경제연구소, 2021)은 연평균 29%라는 놀라운 수익률을 기록했던 마젤란 펀드의 매니저 피터 린치가 은퇴한 후 쓴 책이다. 그의 실전 투자 전략과 철학을 자서전 같은 형식을 통해 알기 쉬운 문장으로 서술하기 때문에 초보자도 술술 읽을 수 있다. 그는 이 책에 개인 투자자도 전문 펀드 매니저 못지않은 성과를 낼 수 있다는 격려와 더불어 그의 성공 비결을 아낌없이 공유한다.

일상에서 투자 아이디어를 찾는 것으로 유명했던 린치는 "주식을 일상 속에서 발견하라"고 말한다. 소비자로서 접하는 제품과 서비스, 주변 변화 속에서 투자 아이디어를 얻는 것이 가장 현실적이고 강력하다는 것이다. 가족이 자주 가는 레스토랑이나 급성장하는 브랜드에서 투자 기회를 포착할 수 있다며 그는 이를 '발로 뛰는 투자법'이라 불렀다.

그는 주식을 여섯 가지 유형으로 분류했다. 저성장주, 안정성장주, 고성장주, 경기순환주, 자산주, 턴어라운드주가 그것이다. 그는 투자자가 자신의 성향과 시장 상황에 맞춰 알맞은 종목을 선택하는 게 좋다고 이야기한다. 특히 고성장주는 높은 수익을 줄 수 있지만, 너무 비싼 가격, 즉 과도한 기대가 반영된 가격에 매수하면 손실 위험이 크다는 경고도 잊지 않는다.

린치는 "좋은 회사가 반드시 좋은 주식은 아니다"라는 점도 강조한다. 아무리 우량 기업이라도 너무 비싼 가격에 사면 수익을 낼 수 없다는 것이다. 기업의 이익 성장률, 부채비율, PER, PBR 등 기본적인 재무지표를 분석하고, 적정 가치보다 싸게 살 수 있을 때만 투자해야 한다고 역설한다. '가치 대비 가격'을 항상 생각해야 한다는 이야기다.

린치는 시장의 단기 변동에 휘둘리지 말고 기업의 본질에 집중하라고 조언한다. 주가가 하락하더라도 기업의 펀더멘털이 변하지 않았다면 오히려 매수 기회로 삼을 수 있다는 것이다. 하지만 처음 그 주식에 투자할 때 투자 요인으로 작용한 아이디어가 훼손됐다면 과감히 손절매해야 한다고 지적한다. "모든 종목에서 수익을 낼 필요는 없으며 승률보다 손익비가 중요하다"는 것이 그의 생각이다.

피터 린치는 투자자의 자질로 인내심, 상식, 독립적 사고, 고통에 대한 내성, 겸손함 등이 필요하다고 언급했다. 그는 "통계학보다 역사와 철학이 더 도움이 됐다"고도 했으며, 숫자보다 스토리와 흐름을 읽는 능력이 중요하다고 말했다. 완벽한 정보란 없고 불확실한 상황에서 판단을 내리는 능력이 투자 성패를 가르는 데에 더 중요하다고 전했다.

그는 "장기 투자자가 되라"는 당부도 남겼다. 시장이 하락할 때 공포에 휩싸여 매도하지 말고, 아무도 관심을 두지 않지만 유망한 종목을 사서 기업의 본질이 바뀌지 않는 한 보유하라고 말했다. 시장보다 종목을 잘 고르는 것이 중요하다고 본 린치는 "조사 없이 하는 투자란 패를 보지 않고 하는 포커와 같다"고 따끔한 경고를 날린다.

앙드레 코스톨라니, 『돈, 뜨겁게 사랑하고 차갑게 다루어라』

『돈, 뜨겁게 사랑하고 차갑게 다루어라』(미래의창, 2023)는 전설적인 유럽의 투자자 앙드레 코스톨라니가 그의 80년 투자 인생을 통해 알게 된 돈과 투자를 대하는 인간 심리를 통찰력 있게 풀어낸 책이다. 우리가 돈을 대하는 태도와 투자자의 사고방식을 이해하기 쉬운 문장과 유머를 곁들여 서술한다.

이 책의 제목처럼 코스톨라니는 돈을 "뜨겁게 사랑하되, 차갑게 다루라"고 말한다. 돈에 대한 열정은 갖되, 감정에 휘둘리지 않고 냉정하게 판단해야 한다는 것이다. 그는 돈을 단순한 수단이 아니라 인간의 욕망과 심리를 반영하는 거울로 보았다. 그에게 투자란 지적인 도전이자 인생의 일부였다.

코스톨라니는 이 책에서 돈의 본질, 투자 심리, 시장 흐름을 이해하는 데 필요한 철학적 관점을 두루 이야기한다. 그는 투자란 단순히 수익을 내는 기술이 아니며 인간의 감정과 이성 사이에서 균형을 잡는 예술이라고 이해한다. 언제나 비합리적인 시장에서 투자자는 이성적으로 사고하고 행동해야 한다고 강조한다.

코스톨라니는 주식 시장을 '심리의 전쟁터'로 묘사한다. 탐욕과 공포, 유행과 소문이 가격을 움직인다는 것이다. 그는 진정한 투자자는 이러한 감정의 소용돌이에서 벗어나야 한다고 주문한다. "주식은 인내심 있는 사람에게 보상을 준다"면서 단기적인 가격 변동에 흔들리지 않고 장기적인 관점에서 기업의 가치를 바라보는 자세가 필요하다고 조언한다.

그는 '알고 투자하라'는 원칙도 강조한다. 기업의 재무제표나 경제 지표도 알아야 하지만 그보다 중요한 것은 그 기업이 속한 산업 흐름, 소비자 반응, 사회적 변화라는 점도 강조한다. 그는 "신문을 읽는 것보다 거리의 분위기를 읽는 것이 더 중요하다"면서 실생활에서 투자 아이디어를 찾는 능력을 중요하게 여겼다.

코스톨라니의 책에서는 언제나 유머와 풍자를 찾아볼 수 있다.

그는 "주식 시장에서 가장 위험한 것은 무지와 조급함"이라면서 투자자는 공부하고 기다릴 줄 알아야 한다고 당부한다. "돈을 벌기 위해 돈을 사랑하되, 돈에 집착하지 말라"며 그는 물질에 대해 균형 잡힌 태도를 갖춰야 한다고 이야기한다.

그러면서도 돈의 긍정적 측면을 조명한다. "돈은 인생의 전부가 아니지만, 인생을 풍요롭게 만드는 중요한 요소"라는 것이다. 돈을 통해 자유를 얻고 자신이 원하는 삶을 살아가는 것이 진정한 투자 성공이라고 코스톨라니는 강조한다.

이 책은 가벼운 마음으로 술술 읽을 수 있지만 읽다 보면 돈과 삶의 관계에 대한 깊이 있는 성찰에 다가가게 된다. 코스톨라니는 이 책을 통해 우리에게 돈을 대하는 철학적 태도와 진정한 부의 의미를 생각할 수 있는 기회를 제공한다.

윌리엄 손다이크, 『현금의 재발견』

윌리엄 손다이크 William Thorndike 의 『현금의 재발견』(마인드빌딩, 2019)은 전통적인 경영 방식과는 다른 길을 걸어 성공을 거둔 8명의 CEO들을 분석한 책이다. 저자는 개인자산 관리 회사의 경영자이자 하버드 및 스탠퍼드 경영대학원MBA

에서 오랫동안 강의해온 인물이다. 이 책은 다양한 유형의 기업과 CEO들의 사례를 통해 투자 지식을 설명하므로 초보자도 어렵지 않게 이해할 수 있다.

손다이크는 8년간 하버드 MBA 학생들과 함께 1,000개 이상의 기업 재무 자료와 100건 이상의 인터뷰를 분석해 주주 수익률 기준으로 잭 웰치(거대기업 GE의 경영자로 유명한 인물)보다 뛰어난 성과를 낸 CEO 8인을 선정했다. 이들은 화려한 언론 노출이나 카리스마를 과시하기보다는 조용하고 철저한 자본 배분 전략으로 기업 가치를 극대화했다.

이 책의 핵심은 바로 '자본 배분capital allocation'이다. 이는 기업이 벌어들인 현금을 어디에, 어떻게 사용할지를 결정하는 경영자의 핵심 역할이다. 손다이크는 "탁월한 CEO는 운영보다 자본 배분에 능하다"고 말한다. 그는 자본 배분의 다섯 가지 방식으로 ① 기존 사업 투자 ② 인수·합병(M&A) ③ 배당 지급 ④ 부채 상환 ⑤ 자사주 매입을 소개한다. 이 가운데 장기적으로 가장 효과적인 방식은 자사주 매입과 선별적 M&A였다고 진단한다.

이 책에서 소개된 CEO들은 공통된 특징을 지니고 있다. 현금 흐름을 중시하고, 권한 위임을 통한 분권화된 조직을 운영했다. 또 자사주 매입을 적극적으로 시행했으며, 배당보다 성장에 집중했다. 월가의 분석에는 크게 신경 쓰지 않으면서 내부적 판단에 따라 뚝심 있게 경영해나갔다.

이 책에 소개된 CEO 가운데 텔레다인의 헨리 싱글턴을 예로 들면, 그는 주가가 낮을 때 자사주를 대규모로 사들였고, M&A로 사업을 키워냈다. 그는 월가의 전망에 딱히 관심을 두지 않으면서 독자적인 경영 판단에 따라 기업 가치를 쑥쑥 키워냈다. 또 다른 사례인 캐피털 시티스 방송의 CEO 톰 머피는 효율적인 운영과 전략적 인수로 방송업계에서 독보적인 성과를 올렸다.

손다이크는 "좋은 CEO는 뛰어난 경영자이자 뛰어난 투자자"라고 정의한다. 그에 따르면 유능한 CEO들은 기업을 경영하는 동시에 투자자의 시각으로 자본을 배분했으며, 장기적 관점에서 주당 가치를 높이는 데 집중했다. 이런 CEO들은 외형 성장보다 내실 있는 가치 창출을 중시하고 시장의 소음에 흔들리지 않으면서 독립적으로 사고하는 특징을 지니고 있었다.

손다이크는 이 책을 통해 CEO의 가장 중요한 역할이 '자본 배치'라는 점을 투자자에게 일깨워준다. 초보 투자자는 이 책에서 만난 CEO들과 비슷한 철학을 추구하는 CEO가 경영하는 상장기업을 찾아내는 안목을 키울 수 있다.

참고 자료

단행본

강창희·조철희·오윤관, 『펀드투자 제대로 하자』, 전국투자자교육협의회, 2009

강환국, 『퀀트 투자 무작정 따라하기』, 길벗, 2022

강환국, 『하면 된다! 퀀트 투자』, 에프엔미디어, 2021

곽해선, 『주식투자 궁금증 300문 300답』, 헤다, 2024

김남기, 『당신의 미래, ETF 투자가 답이다』, 북오션, 2024

김수정, 『나는 ETF로 돈 되는 곳에 투자한다』, 경이로움, 2024

김지영, 『배당주 투자의 정석, 경향BP, 2024

랄프 웬저, 『작지만 강한 기업에 투자하라』, 박정태 옮김, 굿모닝북스, 2007

류종현, 『대한민국 주식투자 글로벌 가치투자거장 분석』, 한국주식가치평가원, 2014

수미숨·애나정, 『미국주식 처음공부』, 이레미디어, 2024

앤서니 볼턴, 『투자의 전설 앤서니 볼턴』, 손정숙 옮김, 부크온, 2024

윌리엄 오닐, 『윌리엄 오닐의 이기는 투자』, 이혜경 옮김, 이레미디어, 2022

유목민, 『유목민의 투자의 정석』, 리더스북, 2024

윤종현, 『공모주 투자로 월세 받기』, 아티오, 2024

이가근, 『한국형 모멘텀 투자 실전 매매법』, 메이트북스, 2025

이성수, 『가치투자 처음공부, 이레미디어』, 2021

이혜경, 『1일 1단어 1분으로 끝내는 금융공부』, 글담출판, 2023

장우석, 『이항영, 미국주식 무작정 따라하기』, 길벗, 2024

정철진·오재현, 『목돈만들기 적립식펀드가 최고다』, 한스미디어, 2007

제임스 오쇼너시, 『월가의 퀀트 투자바이블』, 에프엔미디어, 2021

존 보글, 『모든 주식을 소유하라』, 이은주 옮김, 비즈니스맵, 2019

천백만(배용국), 『성장주 패러다임』, 거인의 정원, 2023

최일·박정상, 『4계절 투자법』, 리툴북스, 2020

최창윤, 『주식보다 쉽고 펀드보다 효과적인 ETF 투자지도』, 원앤원북스, 2023

피터 린치, 『전설로 떠나는 월가의 영웅』, 이건 옮김, 국일증권경제연구소, 2021

한명호, 『미국주식 투자 첫걸음』, 동양북스, 2024

홍용찬, 『퀀트투자 처음공부』, 이레미디어, 2024

콘텐츠

〈액티브 투자와 패시브 투자의 차이〉, 피델리티자산운용

https://www.fidelity.co.kr/insight-and-learning/learn-about-investing/what-is-active-investing/differences-of-active-and-passive-investing

〈롤러코스터 타는 '투자타이밍', 해법은 "적립식 투자!"〉, 한국투자자교육협회(2019.05.17.)

https://www.kcie.or.kr/guide/2/13/web_view?series_idx=&content_idx=477

〈펀드 포트폴리오, 어떻게 하나요?〉, 한국투자자교육협회(2021.11.08.)

https://www.kcie.or.kr/guide/3/17/web_view?content_idx=1415

〈포트폴리오, 어떻게 구성해야 할까?〉, 카카오뱅크(2024.03.14.)

https://brunch.co.kr/@kakaobank/457

연재 〈투자의 전설〉, 우리투자증권(2025.03.24.)

https://fundsupermarket.wooriib.com/fmm/FMM2060101/main.do